EMIGRANTES Y EXILIADOS

Materiales para una historia de las migraciones españolas

EMIGRANTES Y EXILIADOS
Materiales para una historia de las migraciones españolas

José Antonio Álvarez-Uría Rico

Las nueve musas
ediciones

Primera edición en papel: noviembre, 2021.
Título: *Emigrantes y exiliados.*
© José Antonio Álvarez-Uría Rico.
© Ilustración de portada: fotos de pixabay.com.
© Diseño de la cubierta e interior: James Crawford Publishing (William E. Fleming).
  contacto: jamescrawfordpublishing@gmail.com
  web: https://www.facebook.com/JamesCrawfordPublishing?fref=ts
© 2021 Las nueve musas ediciones.
  contacto: contacto@lasnuevemusasediciones.com
  web: www.lasnuevemusasediciones.com

ISBN: 9798752987991

DEP. LEGAL: AS 02147-2021

ÍNDICE

PROEMIO

En octubre de 1988, se celebró en el *Centro Cultural de la Villa* («Centro Colón»), de Madrid, la exposición titulada *España fuera de España*, organizada por el Instituto Español de Emigración (IEE), organismo adscrito al Ministerio de Trabajo y Seguridad Social, para transmitir la importancia del fenómeno migratorio en los distintos ámbitos: sociológico, político y económico, como dijo el entonces director general del IEE, don Raimundo Aragón Bombín.

Pronto se extendió el rumor de que el inspirador de la exposición y vicepresidente del Gobierno, don Alfonso Guerra, quería desdramatizar un proceso que entonces se daba por acabado —la emigración tradicional— y poner de relieve el desarrollo de una España plenamente integrada en la Comunidad Económica Europea.

Como complemento a la exposición, la Subdirección General de Información Administrativa de la Dirección General de Servicios editó una publicación, también titulada *España fuera de España*, en la que se me pidió que colaborara. Así ayudé a recopilar la normativa sobre emigración para elaborar un compendio y redacté las *Historias emigrantes, una aproximación a diversos tipos de emigraciones españolas*, en las que, por error no intencionado, no figura mi autoría, aunque está bien certificada por el director general. Ese trabajo es la base del texto que figura a continuación y he de decir que, en el momento de la redacción, no recibí ninguna indicación, advertencia o tipo alguno de censura. En el texto modificado, que ahora presento bajo el título *Emigrantes y exiliados*, he introducido datos posteriores a 1988 y he suprimido párrafos que ahora considero reiterativos. Por lo demás, espero que contribuya a despertar el interés por el estudio de las migraciones.

INTRODUCCIÓN

El término «emigración» o «migración», en el sentido más amplio, designa la acción de abandonar un lugar para establecerse en otro. Es un hecho común a los animales y las plantas. Los traslados, voluntarios o involuntarios, de estos seres vienen modelando la superficie del planeta desde la primera aparición de un elemento vivo, hace unos catorce mil millones de años.

La importancia del fenómeno migratorio se hace palmaria, por ejemplo, cuando pensamos en los perjuicios —económicos, sanitarios u otros— causados por las especies animales o vegetales invasoras; en los beneficios de la introducción de nuevos cultivos o en la modificación de la trayectoria de las especies marinas de interés pesquero, por no mencionar las convulsiones de todo orden que provocan los movimientos de las poblaciones humanas.

Desde esta perspectiva, la historia de las migraciones humanas es tan antigua como la misma especie. Por eso aun parece lejano el día en que pueda rastrearse con fidelidad el itinerario seguido por los primeros grupos de los homínidos que abandonaron el continente africano para colonizar el globo. En cambio, se tiene un conocimiento bastante preciso de las migraciones en la zona mediterránea desde hace milenios. Esta región, junto con el Cercano Oriente, fue la primera en disfrutar decisivos avances tecnológicos —rueda, domesticación de animales y plantas, escritura, navegación de altura, etc.— con una correlativa complejidad institucional que terminará por cristalizar en formaciones políticas estatales. Fenicia-Cartago, Grecia y Roma, principalmente, llevan a cabo migraciones organizadas. La orientación hacia el exterior del *excedente social* es un sistema eficaz para el mantenimiento del orden político. La *Odisea* será el primer documento literario nacido de una emigración individual. Tres mil años antes del masivo exilio gallego, la *morriña* se denomina *nostos* y serán millones las personas que habrán de experimentar la nostalgia por la patria abandonada.

La Península Ibérica conocerá durante un largo periodo la dimensión simétrica de la emigración, es decir, la inmigración. Resulta improcedente extenderse aquí sobre la huella genética dejada por los diversos pueblos —griegos, romanos, cartagineses, judíos, suevos, vándalos, alanos, godos, bereberes, árabes— que han habitado en España, pero bástenos con recordar una vez más la diversidad de nuestro origen, que mantiene su impronta en el arte, el folclore o las costumbres, así como en la heterogeneidad de los rasgos físicos de los españoles.

Las postrimerías del siglo XV marcarán el cambio de signo en los movimientos de la población española, que venían siendo hasta ese momento casi exclusivamente intra-peninsulares. El descubrimiento de América constituirá el factor decisivo de un proceso migratorio continuado a través de los siglos, con mayores o menores fluctuaciones, hasta el tercer cuarto del siglo XX.

A partir del siglo XVIII, los gobiernos españoles emprenderán nuevas orientaciones económicas y sanitarias que van a señalar el despegue de una población hasta entonces estancada desde los tiempos de la colonización romana en los seis o siete millones de habitantes. La fuerza y la felicidad del Estado ilustrado se hallaban en relación directa con el número de habitantes. Carlos III favoreció la inmigración de alemanes fundando para ellos La Carolina y colonizó la zona despoblada de Sierra Morena con personas originarias de diversas zonas de España y Europa, con inclusión de Hungría.

España entró en el siglo XIX con una población ligeramente superior a los diez millones de habitantes. En los ciento cincuenta años siguientes se triplicará ese número —al igual que ocurrió en otras naciones europeas— gracias a una lucha eficaz contra la mortalidad infantil, unida a una elevada tasa de natalidad. Por diversas causas, durante la primera mitad del siglo XIX la emigración transatlántica no adquirió una importancia considerable. En primer lugar, la convulsión interna ocasionada por la invasión napoleónica se contagió rápidamente a los territorios coloniales en América. Las nuevas naciones independizadas de la Corona española sufrieron una fase de depresión económica y unos desórdenes políticos que no remitirán hasta finales del siglo y que disuadieron la emigración. Por otro lado, el Estado español, que continuaba imbuido del ideal poblacionista, dificultó al máximo la pérdida de nacionales, de súbditos, considerados *el más grande tesoro de la Patria*. Aunque en la Constitución de Cádiz de 1812 se abolió la pena de confiscación de bienes impuesta al que emigraba sin expresa autorización y se reconoce por vez primera la libertad o el derecho de emigrar —con la restricción de perder los derechos de naturalización y ciudadanía— toda la legislación del periodo, hasta 1853, establece una carrera de obstáculos a la emigración que resultó equivalente a la prohibición. (A este respecto basta con remitir al Real Decreto de 19 de mayo de 1816; las Reales Circulares de 23 de diciembre de 1817 y de 22 de julio de 1819; el Real Decreto de 31 de agosto de 1819 y el de 23 de marzo de 1825).

El grado de estimación que gozaba la Constitución de Cádiz en el ánimo de Fernando VII es sobradamente conocido y el *espíritu constitucional* será el factor desencadenante de la primera emigración decimonónica notable: la *emigración liberal*. El itinerario del exilio de personas con significación liberal siguió dos direcciones: la de América —con especial relevancia de la República Argentina— y la de Europa, de mayor importancia. Hacia Francia se dirigió mayoritariamente el conjunto de exiliados más vinculado al ideario afrancesado y la alta aristocracia liberal, gentes como el conde de Toreno, el marqués de Pontejos o la familia de Mariano José de Larra, alias *Fígaro*, quien escribió: *Los tiempos han cambiado extraordinariamente: dos emigraciones numerosas han enseñado a todo el mundo el camino de París o Londres ... Y, efectivamente, por poco liberal que uno sea, o está uno en la emigración o de vuelta de ella, o disponiéndose para otra; el liberal es el símbolo del movimiento perpetuo, es el mar con su eterno flujo y reflujo.*

Sin embargo, los procesos migratorios motivados por razones políticas han sido constantes, aunque minoritarios. En la era moderna las grandes oleadas de expatriados obedecen principalmente a causas económicas y provocan unos efectos sociales, psicológicos, sanitarios, educativos, culturales, etc., tan importantes en los ámbitos nacional e internacional que han requerido la ratificación de tratados internacionales específicos y la creación de organizaciones gubernamentales *ad hoc* en las que equipos de expertos llevan a cabo, en cooperación con los Estados interesados, labores de investigación en áreas fundamentales y desarrollan la normativa internacional.

Estas páginas van dirigidas especialmente a todos cuantos se acerquen por vez primera al hecho migratorio español y, por consiguiente, no tienen ánimo de cientifismo ni la pretensión de constituir un estudio historiográfico, ni tan siquiera parcial; su única finalidad estriba en avivar el interés de los no iniciados en el tema y desvelar las numerosas implicaciones de alcance global —algunas de ellas muy poco investigadas— que han tenido y continúan teniendo los movimientos migratorios. Como es obvio, los efectos del proceso migratorio se dejan sentir en múltiples ámbitos, pero con repercusiones muy distintas según se contemplen desde el Estado de procedencia del emigrante o desde el Estado de destino.

En el ámbito económico, por ejemplo, basta con mencionar la importancia que han tenido en la economía española, a partir del Plan de Estabilización de 1959, las remesas de los trabajadores españoles en los países europeos más desarrollados. En la otra cara de la moneda, nadie discute hoy que el prodigioso desarrollo de la Europa de posguerra no hubiera sido posible sin el concurso de los trabajadores extranjeros migrantes. Y estamos refiriéndonos a un reducido número de naciones europeas muy desarrolladas, pero ¿cómo valorar la ingente contribución del esfuerzo y el ingenio comercial de los españoles que se propusieron *hacer las Américas* al otro lado del Atlántico? Algunos de estos *emprendedores* triunfaron y gozaron en su tiempo de merecida fama, como es el caso del *rey de la Patagonia*, el asturiano José Menéndez; sin embargo, la inmensa mayoría de los españoles que emprendieron la aventura americana permanecerá en el anonimato para siempre.

En los ámbitos jurídico y político serían necesarios varios volúmenes para recopilar las disposiciones legales de todo rango que han determinado o han sido consecuencia de los movimientos de población en el mundo. En lo que a España se refiere, ésta es una de las tareas recientemente emprendidas por la Dirección General del Instituto Español de Emigración. Más adelante se transcribirán algunas de las normas españolas de especial valor histórico. El estudio del derecho migratorio está cobrando auge a impulsos de diversas organizaciones internacionales especializadas en la materia.

La investigación de la actividad política de los emigrantes españoles se encuentra en un grado inferior de desarrollo, si bien se han publicado ya algunos trabajos sobre la participación española en movimientos obreros del extranjero.

Tampoco se han alcanzado conclusiones definitivas sobre la influencia poblacional de los españoles, tanto en los países de acogida como en las regiones de origen. Las etapas que se han de considerar son sumamente amplias y las deficiencias de las estadísticas antiguas dificultan seriamente la tarea. Durante largo tiempo, en España tan solo se registraron como «emigrantes» las personas que viajaban con billete de tercera clase mientras que, en la república Argentina, por ejemplo, se computaban igualmente los que viajaban con billete de segunda clase. Además, a la hora de reseñar la procedencia del emigrante, los organismos españoles efectuaban anotaciones («última provincia de vecindad», «lugar de última vecindad», etcétera) que han provocado confusiones tanto en el número como en el origen de los emigrantes estudiados.

La carencia de conclusiones definitivas concierne asimismo a la interrelación emigración-medio de transporte. En la duración de la travesía, la capacidad y las condiciones del alojamiento y de la alimentación (generalización de cámaras frigoríficas) media un abismo entre el llamado «barco ataúd» de la primera mitad del siglo XIX, pasando por el vapor que se generalizó en la segunda mitad (el británico *Arquímedes*, botado en 1838, fue el primer vapor de hélice) hasta llegar al buque de motor diésel de la década de 1920.

Ninguna historia de la medicina desconoce el papel que han desempeñado los transportes de emigrantes en la propagación de epidemias. Y la especificidad de la medicina de la emigración no se agota en la enfermedad orgánica: el desarraigo, el impacto ocasionado por el alejamiento del ambiente familiar y por una nueva sociedad a la que se considera ajena y, a veces, abiertamente hostil, ha causado y sigue causando estragos en el psiquismo de muchos de nuestros compatriotas.

La aviación comercial marcó un nuevo hito, modificando la percepción de la lejanía. Arnold Joseph Toynbee habla de la diferencia anímica que separa a los que emigran sin perder contacto con la sólida superficie terrestre y los que salen por mar o por avión.

Sea cual fuere el medio de transporte empleado, la geografía y el clima del nuevo asentamiento pueden ser factores determinantes en el bienestar del emigrante. Un trabajador establecido en Australia hace décadas nos describía recientemente el intenso malestar que le provocaba esa isla-continente: «Es el encuentro con el vacío, con la aniquilación del tiempo».

En cualquier caso, los parámetros sociológicos no pueden abarcar toda la complejidad de la existencia humana. El emigrante, sea analfabeto o catedrático, sale de su patria con un bagaje, más o menos cuantificable, de dinero, capacitación profesional, relaciones personales, etc., pero también le acompañan sus sentimientos y su experiencia, las vivencias incrustadas en la profundidad de su propio ser que han ido configurando esa peculiar manera de afrontar la existencia que se llama «cultura». Tal acerbo de valores transmitidos acompaña a la persona vaya a donde vaya. Cuando el emigrante se sumerge en otras culturas influirá y será influido por ellas. Del encuentro nacerán nuevas manifestaciones lingüísticas (el «espanglis» de los Estados Unidos), musicales (habaneras, guajiras), culinarias (cocina criolla), estéticas (indigenismo), etc.

Además, el emigrante español, cuando puede hacerlo, trae a su país las nuevas adquisiciones. Algunas de éstas impregnan y se arraigan en determinadas regiones. En el paisaje asturiano destacan las palmeras que anuncian las peculiares casas de los indianos afortunados. En Corporales, provincia de León, «*a los niños les llaman guachos, guachines o pibes; a la mujer, china; a la madre, mi vieja*», según decía la revista cultural *Estampa*, de Madrid, en 1932. En el año citado residían en Argentina más vecinos de ese pueblo que en León.

Las publicaciones de la emigración, numerosísimas en toda América, escasas en Europa hasta el momento, dan fe del sincretismo alcanzado. Hay también una presencia cuantiosa de la emigración en la literatura española; la gloria y la sordidez, la ambición y la derrota del emigrante inspiran la creación de escritores consagrados y, a su lado, desatendida, existe lo que podríamos denominar «literatura en la emigración», es decir, obras biográficas, poemas, novelas y obras de teatro escritas por trabajadores emigrantes. La Dirección General del Instituto Español de Emigración está estudiando la mejor manera de dar a conocer esta producción literaria, casi totalmente inédita hasta la fecha.

El texto que figura a continuación se ha articulado sobre varios modelos de procesos migratorios protagonizados por españoles. En primer lugar, nos aproximamos a la emigración política de los liberales constitucionalistas al Londres de 1823. En segundo lugar, tratamos un ejemplo de emigración económica hacia el territorio colonial de otro Estado: Argelia. En tercer lugar, abordamos el tema de la emigración tradicional de españoles hacia el país de Europa que tiene mayor importancia cuantitativa y más larga duración: Francia. Y, por último, se relacionan algunos aspectos de la emigración española en los países de América: Argentina, Brasil y Cuba, y se aporta una visión general de las primeras partes del proceso migratorio: la salida de España por vía marítima.

Se han utilizado con prioridad sobre cualquier otra fuente los trabajos publicados por la Administración competente en materia de emigración con anterioridad a la Guerra Civil y, muy especialmente, las pormenorizadas informaciones de los Boletines de la Subdirección General de Emigración (en lo sucesivo BIGE).

Como panorama general cuantitativo de la emigración española en la actualidad y de sus tendencias, reproducimos a continuación el cuadro elaborado por el Instituto Nacional de Estadística (INE), en el que figuran los 28 países que cuentan con más de 10.000 españoles residentes:

Población de nacionalidad española residente en el extranjero, por país En la tabla figuran los países con más de 10.000 residentes				
País de residencia	Datos 1 enero **2020**	Datos 1 enero **2019**	Variación	
			Absoluta	Relativa
1. Argentina	473.519	465.66	7.853	1,7%
2. Francia	273.290	262.448	10.842	4,1%
3. EE.UU.	167.426	157.558	9.868	6,3%
4. Alemania	167.151	160.727	6.424	4,0%
5. Reino Unido	152.291	139.236	13.055	9,4%
6. Cuba	147.617	145.167	2.450	1,7%
7. México	144.553	140.199	4.354	3,1%
8. Venezuela	142.302	151.915	-9.613	-6,3%
9. Brasil	133.188	130.994	2.194	1,7%
10. Suiza	124.414	121.515	2.899	2,4%
11. Bélgica	67.960	65.587	2.373	3,6%
12. Uruguay	67.414	67.575	-161	-0,2%
13. Chile	66.399	65.489	910	1,4%
14. Ecuador	58.646	57.960	686	1,2%

15. Colombia	37.086	36.281	805	2,2%
16. P. Bajos	29.984	28.250	1.734	6,1%
17. Perú	28.425	28.165	260	0,9%
18. R. Dominicana	27.310	26.880	430	1,6%
19. Andorra	26.558	26.030	528	2,0%
20. Italia	25.446	24.540	906	3,7%
21. Australia	22.785	22.010	775	3,5%
22. Canadá	18.118	17.396	722	4,2%
23. Bolivia	16.676	16.069	607	3,8%
24. Panamá	14.503	13.880	623	4,5%
25. Portugal	14.274	13.375	899	6,7%
26. Marruecos	11.342	10.848	494	4,6%
27. Suecia	11.235	10.351	884	8,5%
28. Irlanda	10.681	9.653	1.028	10,6%

I
EL EXILIO INGLÉS

La enconada persecución contra los liberales que desató Fernando VII tras recuperar el trono provocó la expatriación de lo más selecto de la sociedad española. Unos se trasladaron a territorio americano, otros a Francia, Suiza u otras naciones europeas, pero será en Londres donde se agruparán las personalidades más notables: militares, como Torrijos, Quiroga, Miláns del Bosch, Valdés, Álava, o el coronel Epifanio Mancha, padre de Teresa, la mujer que sigue avivando la llama romántica de Espronceda y que, apenas llegado éste a Londres en 1832, se pone en contacto con ella (ya casada con Gregorio de Bayo) para proponerle que se fugue con él a París.

Comerciantes sobresalientes, como Juan Álvarez Mendizábal o Vicente Salvá, que abrió una librería en el número 124 de Regent Street, desde la que se difundieron las obras clásicas de la literatura española.

Hombres de ciencia como Mariano Lagasca y Segura, ex director del Real Jardín Botánico de Madrid; el economista Álvaro Flórez Estrada; Mateo Seoane Sobral, que había organizado en España la sanidad militar; Felipe Bauza, cosmógrafo y exdirector del Depósito Hidrográfico de Madrid.

El capítulo de los artistas se hallaba bien representado: Mariano Rodríguez Ledesma, músico al igual que Manuel García, padre de María Malibrán, *esa niña tan mimada por la naturaleza* según Rossini, la cantante de ópera más famosa de su tiempo; Felipe Cardano, grabador que introdujo en España la litografía y en cuya imprenta realizó Goya sus primeros ensayos litográficos; escritores de la talla de José Joaquín de Mora, autor de publicaciones en Inglaterra como *Correo Literario y Político de Londres y Museo Universal de Ciencias y Artes*; Agustín de Argüelles Álvarez, que sobrevivió en Londres como bibliotecario de lord Holland y allí publicó *Examen histórico de la reforma constitucional en España*; Antonio Alcalá Galiano, que en Londres se ganó la vida dando clases de lengua y literatura españolas; Ángel de Saavedra, duque de Rivas, y otros muchos, como Joaquín Lorenzo Villanueva, que había sido capellán del rey y académico de la Lengua y de la Historia.

La relación anterior parece más que suficiente para dar cuenta de la categoría de los emigrados, pero no podemos omitir la mención a una personalidad tan atractiva y callada como es el canónigo D. Miguel del Riego y Flórez, hermano mayor del general Rafael del Riego, mártir de la Constitución. Don Miguel llegó a Londres con su cuñada-sobrina enferma, fallecida en 1824, Teresa del Riego y Bustillos, viuda de su hermano, que recibió la pensión de 25 libras esterlinas anuales, concedida por el gobierno británico a los exiliados españoles que demostraran no haber dado apoyo a los franceses durante la guerra de Independencia. El canónigo puso un negocio de librería de viejo mientras se dedicaba a traducir y redactar. En 1842 publicó en Londres sus *Obras poéticas españolas: unas casi enteramente perdidas, otras que se han hecho muy raras y todas ellas merecedoras de ser conservadas en el Parnaso español*. Nunca regresó a su Asturias natal; cultivando hasta su muerte su pasión por los libros, falleció en 1846 en su casa de Seymour Street. Tampoco regresó a España otro sacerdote notable, perseguido directamente por Fernando VII, historiador y poeta exiliado, Joaquín Lorenzo de Villanueva, hermano del también historiador Jaime de Villanueva, en cuya compañía llegó a Londres en 1823. Los hermanos frecuentaron la tertulia de su paisano el gramático, librero e impresor valenciano Vicente Salvá y, junto al político y hacendista José Canga-Argüelles, fundarán *Ocios de españoles emigrados* (1824-1827), la revista que constituirá el órgano principal de los exiliados y en el que Joaquín Lorenzo publicará *Cartas hibérnicas*. Tras la muerte de Jaime, acontecida en la casa de Salvá en noviembre de 1824, Joaquín publicó su autobiografía, *Vida literaria*, y finalmente fijó su residencia en la católica Dublín, donde falleció en 1837.

La imagen de España no se aparta de la mente de estos emigrados de excepción y, *con el propósito de aumentar entre sus individuos* (de la nación británica) *el conocimiento de las cosas españolas, contribuyendo con lo que podemos a la gloria de nuestra patria en un tiempo en que procuran eclipsarla tantos enemigos extraños y domésticos,* en abril de 1824 inician la ya mencionada publicación de periodicidad mensual *Ocios de españoles emigrados.* En sus páginas se mezclan asuntos tan variopintos como *Desaliño en la elocuencia de los juristas españoles, Valor de los jéneros* (sic) *de consumo en España en los siglos XIV y XV,* al lado de poemas como el que dice:

¡Ay!, que sulcando (sic) *el mar en nave agena* (sic)
Huyo infelice de la patria mía,
Tal vez ¡o cruda inexorable suerte!
Para nunca volver…Áspero suena
El recio vendabal (sic), *y espira* (sic) *el día.*

Son versos de *El desterrado,* del futuro III duque de Rivas, que firma con un discreto «A. de S.», antes de continuar su exilio en Malta (1824) y en París (1830), donde permanecerá hasta el fallecimiento de Fernando VII y la subsiguiente amnistía. En el título de la obra hay una llamada explicativa a pie de página que dice así: *Saliendo de la bahía de Gibraltar al ponerse el sol, con rumbo al O.* Ni siquiera la manida imagen de lord Byron en las costas de Grecia conlleva tanta carga de esteticismo romántico. Como inciso, reseñamos que fueron muy numerosos los liberales que huyeron de la persecución a través del Peñón recibiendo ayuda de los británicos.

Ocios de españoles emigrados contiene también valiosas notas sobre las nacientes repúblicas americanas y, sobre todo, unas deliciosas *Cartas de un emigrado español residente en Londres,* que son un auténtico tratado de costumbrismo en donde late palpitante el ansia reformadora de la Ilustración: *Lo primero que me sorprendió al poner los pies en Londres fue el movimiento vital del pueblo, hijo de su inmensa industria. Aquí todo bulle y todo indica que la holgazanería no anida en los ingleses. ¡Qué de carruajes y diligencias que entran y salen en todas direcciones, llevando por todas partes el espíritu creador de la riqueza! Un español confundido en escena tan interesante como admirable, apenas conoce el riesgo en que le va la vida porque el incesante cruzar de los coches y carros, y el continuo trajín de los que conducen mercancías hacen muy expuesto el tránsito…Y qué diré a V. de las esquinas ambulantes que se encuentran a cada paso por las calles. Así llamo yo a unos hombres que, armados de una tabla puesta en un palo o vestidos con una casulla de tablas, pasean el pueblo, llevando pegados en ellas los anuncios de compras y ventas y de las diversiones públicas. Es tal el respeto que aquí se tiene a la propiedad que llega hasta el extremo laudable de creerla ofendida con solo fijar anuncios en las paredes de las casas…De paso admitiré a V. que un objeto al parecer de poca monta detuvo mi imaginación en los primeros días. ¿Y qué dirá V. que ha sido? El ver los nombres de los habitantes inscritos en targetas* (sic) *a las puertas de las casas. ¿Qué tal? ¿Haría V. otro tanto en España? En un país de espionage* (sic) *e inquisición, sería muy bueno para atrapar víctimas a mansalva…*

No obstante, toda capacidad de asimilación tiene unos límites: *Sin embargo de lo dicho, hay ciertas cosas que a los extrangeros nos parece que están en contradicción con este systema de moral rigidez…Aunque los trages de las señoras son, como he dicho a V., sumamente honestos, la estructura particular de los corsés o apretadores hace trayción a la modestia: marcando con demasiada fuerza, y propiedad, objetos que suelen excitar en los hombres sensaciones demasiado violentas.*

En determinadas ocasiones, el sentido del humor británico tiene poca o ninguna gracia: *Es a la verdad notable para todo extranjero el ver que en una ciudad tan populosa como Londres, a la cual la libertad y la industria atraen a los individuos de todas las naciones, haya de excitar la risa, y si se quiere la rechifla, de sus moradores la vista de los trages extrangeros* (sic) *europeos a que no se halla acostumbrada su vista. He observado con sorpresa que los trages* (sic) *griegos y asiáticos no excitan la risa que nuestras capas. ¿Qué sucedería si vieran a un maragato o a un valenciano? No puede V. formar idea de las mortificaciones que hemos sufrido los emigrados españoles cuando llegamos a la Gran Bretaña, dimanadas de la impresión que hacía en los habitantes el uso de nuestras capas…Sin embargo, para que V. no se enoje, debo añadirle que cuando decíamos a los mirones que éramos españoles, se cambiaba la escena en obsequio y compasión: porque al cabo V. conoce que a estas gentes no se les oculta que a la firmeza del carácter español y a su lealtad y bizarría sea debido la destrucción del general afortunado que amenazaba destruir su poder y su bienestar.*

Efectivamente, el Gobierno británico consideró a los emigrados como aliados en la lucha contra Napoleón y —como ya se ha apuntado— arbitró para ellos un sistema de subsidios. Además, diversos comités y organizaciones *ad hoc* se encargaron de recaudar fondos mediante suscripciones, bailes u otros procedimientos, como el aplicado por el señor

W. Copeland, *individuo del Colegio real de cirujanos y licenciados de la Compañía de boticarios de Londres, que vive en el Nº 95, Chalton Street, Somerstown, el cual, llevado de su generosidad y filantropía, facilita las medicinas a los emigrados españoles enfermos a precios tan ínfimos que puede decirse que las regala.*

La revista *Ocios* recogía fielmente todas las noticias relacionadas con la beneficencia en favor de los exiliados. El mes de junio de 1825, en Plymouth, el Comité inglés regaló una rica espada a don Francisco Espoz y Mina. Ese mismo año, los editores del *Times* y del *Examiner* abrieron una suscripción en favor de los emigrados españoles. El 21 de junio del año siguiente, con el propósito de socorrer a españoles e italianos, se celebró un baile en el teatro de la ópera *bajo la inmediata protección de SS.AA. RR. el Duque de York, el Duque de Clarence, el Duque de Sussex, el Duque de Gloucester, el Príncipe Leopold, la Duquesa de Clarence, la Duquesa de Kent, etcétera. En el billete de convite ha llamado nuestra atención la cláusula siguiente: «Se recomienda a los concurrentes que los trages con que se hayan de presentar en el baile sean de manufactura inglesa».* Semejante ejemplo de industriosidad debió ejercer algún influjo en nuestros compatriotas pues fueron en Gran Bretaña más que sobresalientes sus actividades de enseñanza, creación literaria, traducción, edición y colaboración en una revista como *Ocios*, que fue prohibida en la Península el año 1825 por alarmante y subversiva. El hecho de que tantos emigrados hubiesen desempeñado cargos importantes en España no obsta para que se dedicasen también a actividades menos intelectuales, como hacer zapatos o pañuelos de seda, labrar hojalata, curar los callos, etcétera. El Sr. Calero estableció una fábrica de chocolate con una máquina de su invención, y una imprenta. El Sr. Rull montó una fábrica de naipes españoles para exportar a América. Todo el que podía daba trabajo a otros compatriotas.

La reina Mª Cristina de Borbón, regente durante la enfermedad del detestado Fernando VII, otorgó el 15 de octubre de 1832 una amnistía que facilitaba el retorno de muchos emigrados, aunque se prohibía el regreso de aquellos diputados que habían votado la destitución del rey y a todos los que hubieren acaudillado fuerza armada contra el rey. El 29 de septiembre de 1833 falleció Fernando VII y el 24 de octubre se promulgó un segundo decreto de amnistía, al tiempo que se proclamaba reina a Isabel II y se iniciaba la sublevación carlista.

Muchos emigrados manifestaron temor a las represalias si regresaban: *...situados en la cruel alternativa de exponernos al sufrimiento si vamos a España, o de ser reducidos a la mendicidad si nos quedamos.* Entre los eclesiásticos el temor era general: *¿En qué pueblo de la Península este desesperado* —decía uno de ellos— *estará con tranquilidad en la situación presente de la España? ¿En qué parroquia estará al abrigo de una banda de carlistas, llevando la impronta de constitucional y de emigrado de Francia? ¿Podrá persuadirse que no será perseguido o asesinado?*

La situación mejoró cuando, en 1834, la regente Mª Cristina llamo para formar gobierno al dramaturgo Francisco Martínez de la Rosa, que había experimentado el exilio en Francia y promulgó una ampliación del decreto de amnistía (7 de febrero de 1834). Paulatinamente, el retorno a la patria se fue consumando hasta que solo quedaron en Gran Bretaña los pocos españoles que allí habían rehecho su existencia.

Hasta la década de 1960, la presencia de emigrantes españoles en el Reino Unido ha sido insignificante, esporádica y motivada principalmente por razones políticas e ideológicas (antifranquismo). Sin embargo, a partir de esa década y por causas fundamentalmente económicas, su número ha experimentado un aumento sostenido. A fecha 5 de julio del año en curso (2021), tras el *Brexit*, son 320.850 los españoles que han presentado ante las autoridades británicas la solicitud de permanencia en un Reino Unido que ha dejado de ser parte integrante de la Unión Europea; ocupan el quinto lugar en la lista de solicitantes, después de polacos (975.189), rumanos (918.270), italianos (500.550) y portugueses (376.449). Afortunadamente, la motivación ideológica brilla ahora por su ausencia.

En el año 2020, los 300.897 británicos, en cambio, ocupaban el tercer lugar entre los extranjeros residentes en España, por detrás de Marruecos y Rumanía (761.122 y 666.936, respectivamente), y por delante de Italia (268.151), Colombia (261.537) y China (197.390). (Fuente: *es.statista.com*)

II
LA COLONIZACIÓN DE ARGELIA

Al tiempo del regreso a España de los cultivados constitucionalistas, se iniciaba un nuevo éxodo, de carácter muy diferente, hacia las costas de Argelia. Ahora, las causas de la emigración no serán políticas sino económicas y el perfil del emigrante no será el de un intelectual sino el de un analfabeto.

La vinculación de España con Argelia es muy antigua. La Corona de Aragón había mantenido relaciones comerciales con el norte de África y fueron numerosos los judíos y moros españoles que se establecieron en la zona costera, entre Argel y Túnez, cuando fueron expulsados de España. El cardenal Cisneros se propuso acabar con la tradicional piratería argelina que amenazaba las costas españolas y el tráfico con América. En 1505, una expedición española tomó Mazalquivir (*Mers el-Kébir*, en francés) y otras sucesivas ocuparon Orán (Wahrrán en árabe) en 1509 y Bugía (en árabe, Biyaya) en 1510. Argel se declaró tributario de España y en el Peñón se impuso una guarnición española. Los españoles mantuvieron sus posiciones durante doscientos años en las dos plazas del noroeste, en Orán y en Mazalquivir. En 1708, el dey (título que se daba a los gobernadores de la regencia de Argelia, Trípoli y Túnez bajo el imperio otomano) de Argel se hizo dueño de estas ciudades aprovechando la Guerra de Sucesión que se estaba desarrollando en la Península. Acabada la guerra, Felipe V decidió recuperar las ciudades y reunió en Alicante, en 1732, un ejército de 30.000 hombres y una escuadra de 54 buques de guerra y 500 transportes. El 15 de junio del año indicado zarparon rumbo a África y cinco días después desembarcaron cerca de Mazalquivir. Orán se entregó sin resistencia, pero la ocupación otomana había modificado la actitud de la población local; en una Memoria redactada en 1734, el general Vallejo, comandante general del ejército de Orán, describía así el cambio: *Creo lejano y muy problemático el día en que los moros de esta comarca reconozcan nuestra soberanía y pidan la protección de nuestras armas como lo hicieron en 1708; los motivos que en aquella época les impulsaban no existen hoy, entonces los bereberes vecinos de esta plaza estaban aguerridos y no poseían armas como en nuestros días (...) tales son los grandes cambios operados en este país durante la ocupación turca (1708-1732) gracias a la importación intensa de armas francesas e inglesas (...) no encontramos más que odios e indiferencias. Esto proviene, sin duda alguna, de la política astuta y bárbara practicada en esta provincia durante su última ocupación por los otomanos; han pasado a cuchillo a todos los grandes cheikhs de las tribus fieles a nuestra alianza (...) Entretanto, todos los indígenas, ya viejos, que desde su naci-miento, siguiendo en ello el ejemplo de sus padres y abuelos, vivían en nuestra amistad y bajo nuestra protección, se han extinguido poco a poco. Los moros de hoy son hombres que nunca han conocido nuestra amistad o si han vivido corto tiempo bajo nuestra dominación no guardan de ello recuerdo; no saben más que una cosa: que deben tratarnos como enemigos.*

Y, en efecto, la hostilidad de los musulmanes hacia la población europea será en Argelia la tónica general hasta el final de la cruenta Guerra de Independencia a la que pusieron fin los Acuerdos de Evian en 1962.

Los días 9 y 25 de octubre de 1790 la ciudad de Orán quedó semi-destruida por unos violentos terremotos que causaron muchas víctimas mortales entre los españoles. El dey de Mascara aprovechó las circunstancias para sitiar la ciudad. En 1792, Carlos IV de España firmó un tratado con el imperio otomano y con la regencia de Argel por el cual cedía a ésta, a cambio de ciertas ventajas comerciales, las poblaciones de Orán y Mazalquivir, donde va a permanecer una colonia de unas ochenta familias españolas.

La regencia argelina no tardó en volver a las actividades corsarias, con la ya tradicional preferencia por las zonas mediterráneas de la Península Ibérica. También se vieron lesionados los intereses franceses. Napoleón envió una expedición de reconocimiento, pero lo que dio lugar a la intervención armada de Francia fue el conocido como «incidente del abanicazo», el golpe en el rostro del cónsul de Francia, Pierre Deval, propinado con un matamoscas por el dey de Argel (Huseyn) en 1827; el dey estaba convencido de que el cónsul se había conchabado con dos comerciantes judíos que habían mediado en la venta de trigo a Francia y ésta se retrasaba en el pago indebidamente. El dey se negó a pedir disculpas por el golpe y cañoneó a uno de los buques franceses que participaba en el bloqueo ordenado por Carlos X de Francia, que aprovechó la ocasión para aumentar su escasa popularidad alentando los sentimientos patrióticos del pueblo francés: envió a Argelia un contingente de treinta mil soldados que entraron en Argel el 5 de julio de 1830, acabando así con el dominio otomano e iniciando la colonización. Pocos días después, Carlos X sería derrocado y sustituido en el trono por su primo Luis Felipe de Orleans. España, oficialmente invitada a esa expedición punitiva bajo el mando del general Bourmont, prestó a los franceses un apoyo valioso pues el cuerpo expedicionario tuvo a Palma de Mallorca como base de operaciones hasta su salida para África y durante años se abasteció en Alicante, Cartagena, Palma, Almería y Málaga. A lo largo de un siglo, estas localidades también constituirán el punto de salida del contingente migratorio español a Argelia.

Ya con la expedición de Bourmont habían llegado numerosos mallorquines y menorquines, que se irán encargando del comercio de Argel y demás poblaciones costeras a medida que iban siendo ocupadas, realizando asimismo un tráfico de cabotaje con sus embarcaciones pesqueras. Los hortelanos menorquines crearon huertas en las afueras de la ciudad y aprovisionaban al ejército con legumbres y frutos. Otros campesinos de la huerta levantina y pescadores seguirán a los pioneros de las Baleares.

La política de Francia con respecto a la colonización del territorio fue vacilante hasta 1840. El gobierno de Luis Felipe (1830-1848) dudó entre permanecer o abandonar el territorio y los partidarios de mantener la conquista vacilaron entre una ocupación total o parcial del enorme territorio. Se tomó en consideración una larga lista de dificultades: la reacción de Gran Bretaña; el carácter belicoso de los nativos; la insalubridad del terreno; la dureza del clima y, sobre todo, el desinterés y la carencia de impulso colonizador de la población francesa. La espontánea presencia de españoles solucionó el problema: ellos fueron quienes llevaron a cabo la colonización de Argelia para mayor gloria —también pesadilla— de Francia. (Así parece demostrarlo Antonio L. Fernández Flórez, inspector de Emigración, en «*Argelia y los españoles*», BIGE de 1929-30 y 1930-31).

En 1836 se había creado la Milicia Africana como cuerpo de «participación». En 1838, el caudillo Abd-el-Kader arrasó la llanura de Mitidja, en la zona de Argel, y todos los europeos en estado de tomar las armas quedaron sujetos al servicio de la Milicia; se les entregaron armas y municiones. En Argel había entonces 6.861 franceses y 4.735 españoles; en Orán había más españoles (2.333) que franceses (1.342). En esas fechas, las concesiones de grandes latifundios a franceses aristócratas superaban la treintena. Al frente de los mismo se encontraban personas como un hermano del inspector de Hacienda, un médico llegado con el cuerpo expedicionario o un polemista que editó un folleto sobre la colonización. Todos tenían numerosa servidumbre y se rodeaban de aparceros indígenas u obreros extranjeros, sobre todo mahoneses. Se intentó introducir cultivos tropicales pero los esfuerzos no tuvieron resultados positivos.

En este periodo inicial, los trabajadores españoles realizaron las labores necesarias para poner en cultivo tierras vírgenes: roturación, desmonte y carboneo. El propietario francés arrendaba la tierra por un periodo de tres a cinco años y el trabajador se comprometía a devolvérsela roturada, beneficiándose del carbón que elaboraba tras efectuar el desmonte. Cuando el combustible subió de precio se pagaba al obrero con dinero, reservándose el propietario la renta del carbón. Si el emigrante lograba reunir la cantidad suficiente, alquilaba tierras. La propiedad estaba reservada a los súbditos franceses —al igual que la justicia gratuita— y por ello se produjeron muchas nacionalizaciones de españoles.

En 1862 se firmó un convenio consular hispano-francés en cuya virtud se concedía a los españoles residentes la equiparación de derechos en materia civil y mercantil. A partir de ese momento nuestros emigrantes tuvieron acceso a la propiedad de inmuebles y al ejercicio de cualquier industria o comercio. El sector de los transportes, junto con el del tabaco y el esparto, fueron en la práctica monopolios españoles. En Orán controlaban toda la actividad económica. Las mujeres españolas se empleaban en el servicio doméstico o servicios similares (lavanderas, cocineras). A medida que la colonización se iba consolidando y los cultivos se extendían, surgió la necesidad de mano de obra estacional (para las obras públicas y la construcción; segadores, podadores, etc.) y son todas esas labores estacionales las que dan origen a la llamada «emigración golondrina», aquella de ida y vuelta, que no tiene vocación de permanencia y se repite cada año en épocas determinadas, como es la vendimia, por ejemplo.

A partir de 1850, se agrega al caudal migratorio levantino y balear el procedente de Almería (según J.B. Vilar: *Actas del I Congreso de Historia de Andalucía*, 1976; *Melanges de la Casa de Velázquez*, Tomo XIX/1 (1983) París; y María E. Cozar Valero: *La emigración exterior de Almería*. Universidad de Granada,1984). Los almerienses van a predominar desde la década de 1870, fecha que señala la expansión de la recogida del esparto. En ese mismo año se producirán acontecimientos políticos en España (Primera República) y en Francia (guerra franco-prusiana) que van a cambiar la trayectoria de la población de la colonia. Esquemáticamente, la evolución de la presencia española en comparación con la francesa podría reflejarse así:

AÑOS	ARGEL		ORÁN		CONSTANTINA		TOTAL	
	FRAN	ESP	FRAN	ESP	FRAN	ESP	FRAN	ESP
1833	2.731	981	340	266	412	44	3.483	1.291
1836	3.625	3.255	980	1.148	880	189	5.485	4.592
1846	34.264	20.930	8.260	10.218	4.690	385	47.274	31.528
1856	45.228	20.916	26.821	19.841	20.641	1.461	92.750	42.218
1866	51.840	27.205	35.697	28.455	34.582	2.850	122.119	58.150
1876	-----						156.365	92.510
1886	-----						219.627	144.530

La Primera República española no puso trabas a la emigración. Además, los Gobiernos de la época se vieron confrontados con tres insurrecciones: una de origen cantonal, otra en Cuba y la insurrección carlista. Los mozos de diecinueve años fueron a filas y se movilizó a los reservistas de edad comprendida entre veintidós y treinta y cinco años. Ambos factores —ausencia de trabas y movilización— motivaron al mismo tiempo la salida de España y las nacionalizaciones generalizadas de los españoles radicados en Argelia.

De otro lado, la Francia de Napoleón III (presidente de la Segunda República —1848-1852— y emperador de los franceses —1852-1870) había dado a la colonización un impulso considerable. Ahora, tras la derrota en la guerra con Prusia, la III República (1870-1940) contempló a su colonia africana como una provincia integrada que pudiera compensar la pérdida de Alsacia-Lorena. En semejante contexto, el predominio español en el Oranesado se consideraba una amenaza potencial. Por otra parte, en el oriente argelino se daba una supremacía demográfica italiana. La proximidad de esa zona con Sicilia, equivalente a la del levante español con Orán, convertían en una necesidad estratégica para las autoridades francesas el aumento de la población nacional, aun cuando la propensión a emigrar de los franceses metropolitanos continuaba siendo sumamente débil. Ahora bien, si se adoptara una política de disminución forzada del número de españoles e italianos peligraría la existencia misma de la colonia.

Tras la derrota de Napoleón III, en el Gobierno de Defensa Nacional que asumió el poder figuraba como encargado de las cuestiones argelinas Benjamin Cremieux, que era judío y decidió conceder la nacionalidad francesa a los 33.000 judíos sefardíes (aproximadamente) que entonces vivían en Argelia. Así se llevó a cabo mediante el Decreto de 24 de octubre de 1870 (M. García Venero: *Testigo en Argelia. Historia del nacionalismo argelino de 1830 a 1958*. Madrid, 1958, citado por J.B. Vilar en *España en Argelia, Túnez, Ifni y Sahara durante el siglo XIX*, IDA, Madrid, 1970).

En 1870 también se concedió la nacionalidad francesa a unos 30.000 hijos de progenitor (padre o madre) francés y cónyuge extranjero; este llamado *Decreto Leviller* tuvo una mínima repercusión en los españoles.

Existen indicios racionales para considerar que el *peligro español* no era tan solo un fantasma imaginado por la derrotada y humillada Francia. Basta con la lectura de *El Imparcial. Diario liberal* del domingo 15 de mayo de 1881para darse cuenta de que, si no el Gobierno español, la opinión pública se sentía frustrada por la exclusión de España del reparto del pastel colonial africano llevado a cabo parcialmente en el Tratado negociado durante el Congreso de Berlín de1878 (en el que España no participó), convocado para modificar y revisar el Tratado de San Stefano que había impuesto el imperio ruso al imperio otomano tras la derrota de este último en la guerra de 1877-78. Los liberales españoles contemplaban disgustados como Francia llevaba sus armas a África para asegurar su colonia de Argelia e incluir a Túnez en su zona de influencia, mientras el reino de Italia, *«más o menos embozadamente»*, procuraba satisfacer sus pretensiones sobre la costa de Libia. Inglaterra no podía oponerse al expansionismo francés y *medita qué pedazo de Marruecos o de Egipto tomará como compensación. Sin embargo, España, que con mejor derecho que ninguna otra nación podría pedir su parte de África, se ve reducida a la impotencia…Séanos al menos lícito insistir en nuestro pensamiento de mantener viva la idea sobre nuestra misión en África, hasta que lleguen mejores tiempos para realizarla.*

En opinión del editorialista de *El Imparcial*, los derechos coloniales de España en África vienen avalados por la biología, según la ciencia que dimana de la *Revue Scientifique* y, en particular, de su ejemplar nº 15, correspondiente al 9 de abril de 1881, monográfico sobre Argelia, donde se había celebrado poco antes el congreso científico de la *Asociación francesa para el Adelanto de las Ciencias*: *El carácter científico de la publicación y el crédito de los autores permiten conceder gran importancia a los datos por ellos reunidos, tanto más cuánto que, como verá el que siguiese leyendo, hay ciertos documentos que vienen a mostrar el derecho de España bajo un punto de vista nuevo y que justifica nuestras pretensiones, no ya por consideraciones históricas, elucubraciones filosóficas o sutilezas diplomáticas, sino por demostración científica, basada en el estudio de la naturaleza del clima africano-mediterráneo y las condiciones antropológicas de la raza española.* Seguidamente, el articulista cita al Dr. Manouvrier, que publicó un estudio antropológico en la citada *Revue Scientifique*, en el que expone que el predominio numérico de franceses obedece al aumento de la emigración alsaciana y lorenesa (provincias ya anexionadas al imperio alemán), favorecida por todos los medios del gobierno francés. Y añade: *Los españoles amenazan igualar y aun aventajar numéricamente, y en breve plazo, a los franceses mismos…En la provincia de Orán el elemento español supera ya al elemento francés. He aquí un hecho que merece llamar vivamente la atención.*

El censo de 1876 había arrojado las siguientes cifras de residentes: franceses, 156.365; españoles, 92.510; italianos, 25.759; varias nacionalidades, 16.861; malteses, 14.220; alemanes, 5.722. Así pues, los españoles tenían la relación más favorable entre la tasa de fecundidad/mortalidad. Durante el periodo 1876-79, a cada 100 defunciones correspondieron los nacimientos siguientes: españoles, 162,34; italianos,121,71; malteses, 120,14; franceses, 112,24. A mayor abundamiento, los españoles morían menos; por cada 100 nacidos, en Orán fallecían 73,51; en Argel 80,95 y en Constantina, 87,80.

Estos datos tienen fácil lectura para el redactor de *El Imparcial*: *Partiendo del estado presente de la colonia y suponiendo que no vinieran nuevas emigraciones a modificar la población, los españoles no solo llegarían a superar en número a los franceses y aun a todos los demás europeos, sino que también se sobrepondrían social y políticamente a todas las naciones... En Orán aumenta más la población que en Argel mismo, donde está asentada la capital de la colonia, resultando extraño a primera vista, pero que se explica fácilmente atendiendo que en aquella provincia predominan los españoles, cuya superioridad respecto a la aclimatación compensa con exceso todas las ventajas políticas, administrativas y sociales que implica la capitalidad de Argel... El predominio de los españoles en Argel no es un simple accidente de la colonización ni el resultado casual de una dirección caprichosa de la emigración del sur de España, sino que depende de las condiciones climatológicas de la costa africana mediterránea y responde a los caracteres orgánicos y aptitudes fisiológicas de la raza española... De propósito omitimos toda consideración sobre el estado social de los diferentes colonos europeos en Argel para hacer resaltar más vivamente el carácter de fenómeno de la naturaleza que reviste la superioridad de la raza española en África, y para el fin de esta demostración bastará añadir que no solo los hombres sino también las plantas y los animales de España prosperan más en Argel que los del resto de Europa.*

Es posible que el fundamento de esta última afirmación sobre la superioridad de las razas españolas se encuentre en el estudio botánico publicado por el Sr. I. Trabut en la *Revue Scientifique*, donde explicita: *Por otra parte, en tanto que las plantas de España predominan en Marruecos y en la provincia de Orán, las afinidades con la Sicilia y la Italia van aumentando hacia el Este, desde Argel a Túnez.* ¡Curioso paralelismo en la distribución territorial de los humanos, los animales y las plantas!

Es por estas fechas cuando se va a producir la catástrofe de Saida, que dará un terrible protagonismo a un elemento que se había mantenido en el olvido, es decir, el elemento indígena, al tiempo que se evidencian las difíciles condiciones existenciales del trabajador español.

En realidad, la historia colonial de Argelia está jalonada de acciones hostiles contra la presencia europea. Hasta 1916, con la ocupación de las zonas pobladas por los tuaregs y los tibesti, no puede considerarse terminada la conquista. Desde la insurrección de 1871, las autoridades francesas consideraban un peligro para el orden público al *marabut* (líder) de la tribu de los Uled-sidi-Cheij, Mohamed ben Arbi-Hadji, también conocido como el *Hombre del Turbante* y como *Bu Amema* o *Amama*. En 1878 fue condenado a prisión, pero él logró escapar gracias al apoyo constante que encontró en la población indígena. En abril de 1881, Bu Amema asesinó al teniente Weinbrenner y su escolta cuando se encaminaban desde Gériville (la actual El Bayadh, cerca de Saida) a detenerle; este fue el detonante de la insurrección. El Gobierno francés envió contra Bu Amema una expedición al mando del coronel Innocenti, que fue atacado en Chellala y perdió el convoy que conducía. Bu Amema avanzó entonces hacia el Norte y el 11 de junio de 1881 cayó sobre Khalfalla (cerca de la población de Saida, que esta a unos 175 km. al sudeste de Orán), donde degolló a los obreros que trabajaban en los atochales de la compañía argelina del esparto. La mayoría eran españoles que trabajaban en las instalaciones del Sr. Campillo.

El Correo Español, periódico de Orán, publicaba la siguiente crónica, recogida en *El Imparcial* de 24 de junio de 1881(de donde la tomamos): *Saida, 12 de junio de 1881... Entonces empecé a recoger noticias y supe que en el chantier del Sr. Campillo se habían presentado los moros, robando y quemando todo lo que encontraban y lo más doloroso, asesinando a una familia española compuesta de siete individuos. A una mujer, después de haber cometido con ella toda clase de infamias, la asesinaron de una manera vil y repugnante... Otro convoy de carros del conocido negociante Sr. Fuentes fue sorprendido por una partida de moros compuesta de unos sesenta hombres, sucumbiendo todos los carreteros y caballerías, salvándose únicamente un niño debido a una extraña casualidad. Iba este niño unos doscientos pasos delante de los carreteros cuando oyó una fuerte descarga de fusilería, volvió la cabeza y la más espantosa escena se le presentó a la vista.*

Los desgraciados carreteros muertos eran el juguete de los moros, que se divertían mutilando e insultando los cadáveres... El niño, aterrado de espanto, se pudo salvar gracias a haberse internado en las espesuras del bosque... Toda la gente y carros que había en Marhiom y Terminus se han re-

cogido en Saida, dejando abandonadas sus barracas y almacenes que tenían. En Ain l'Adjar el terror fue el mismo que en Saida, donde comunicó que los insurrectos habían quemado los doce carros del Sr. Fuentes, contratista de transportes de esparto de la Compañía Franco-Argelina, y habían asesinado a los hombres y a los niños, pero se habían llevado con vida a las caballerías y a las mujeres. De muchas de estas mujeres no se volvió a tener noticia.

Algunos españoles ofrecieron resistencia. En Khalfallah, el 12 de junio, Rafael Pardo, proveedor de víveres de los recolectores de esparto que trabajaban para la Compañía Franco-argelina, se atrincheró en la barraca en que vivía con una docena de dependientes suyos y recibió a tiros el ataque de los moros.

Otros españoles decidieron retornar a España. En el telegrama enviado por el cónsul de España, don Fermín de Tejada, al ministro de Estado, marqués de la Vega de Armijo, se decía: *No cesan de llegar familias españolas de Sidi-bel-Abbes y de Saida en la mayor miseria. Piden volver a su patria cerca de 1.043 individuos. Se han abierto varias suscripciones para socorrer a los desgraciados.*

El Imparcial de 28 de junio de 1881 informaba: *Pasan de mil los* (emigrantes) *que desembarcaron en Almería, llegan a 380 los que han arribado a Alicante. En las provincias de Alicante, Murcia, Málaga, Valencia y, especialmente, Almería, la opinión está muy excitada. Esto no es de extrañar, las citadas provincias son las que han proporcionado el mayor contingente a la emigración argelina y rara será la familia que no cuente con parientes, deudos o amigos en la Argelia. El obispo de Almería, al conocer las desgracias de Argelia se personó en el Gobierno Civil a ofrecerse para todo y a entregar un donativo. A su vez, el gobernador civil, el alcalde y otras autoridades recibían en los muelles a los emigrantes, que eran socorridos con pan y bacalao y se les pagaba el traslado hasta su pueblo. Los de la zona de Almería eran repatriados en los vapores Victoria y Numancia, propiedad de los señores Acuña, y capitaneados, respectivamente, por los señores Mesa y García. El Imparcial expresa a esos dos capitanes su reconocimiento por haber dispensado a los pobres emigrantes todo género de consuelos y les dieron un abundante rancho de arroz y carne a costa de la Compañía en vista de la situación miserable en que regresaban al seno de la patria.*

Al puerto de Alicante llegaba el *Besós* y el vapor correo *Alicante*. El Gobierno envió al *Vulcano* bajo el mando del señor Laraga, *quien dio a todos sus pasajeros un abundante rancho y vino.*

La matanza de Saida borró de golpe el optimismo y las ilusiones colonialistas de *El Imparcial*. En su edición de 27 de junio de 1881 publicó un editorial del director, don José Ortega Munilla —padre de José Ortega y Gasset— titulado «Siluetas de Saida», que inauguró un largo periodo de pensamiento crítico frente al hecho migratorio: … *Porque la emigración es un sueño, un delirio, una fiebre que la Medicina puede estudiar. Sus síntomas son ver en sueños un país dorado por el sol, rico en una vegetación virgen y enmarañada, donde se cuenta por miles de duros y se gana una fortuna en el tiempo en que aquí se gana, cuando se gana, una peseta.*

El Gobierno francés, sin embargo, pronto demostró su disconformidad con la actuación de las autoridades militares de Argelia. Fue destituido el general Collignon y, tras una investigación posterior, también los generales Osmont y Céres, y el coronel Millaret. Este último no fue capaz de impedir la retirada de Bu Amema hacia el desierto, llevándose —según el periódico *Le Temps* de 26 de junio— *un gran número de españoles, unos dicen no pasar de 100, otros los hacen ascender a 300*. Un español llamado Gaspar Sepulcro, que fue capturado por los insurrectos y logró escapar, aseguraba que llevaban prisioneros a *cuatro cazadores, muchos zuavos y un gran número de españoles, figurando entre ellos doce mujeres jóvenes y diecinueve niños* (publicado por Petit Fanal Oranais de 26 de junio y citado por *El Imparcial* de 28 de junio). En Orán se acusaba de traidor al ejército. Las reyertas entre franceses, españoles e indígenas eran continuas.

En Saida se presentaron al alcalde unos doscientos españoles pidiendo armas, pero fueron amenazados con la cárcel. El lenguaje de la prensa española se saturó de grandilocuencia calderoniana. Todos pedían justicia (léase «venganza») pero no solo frente a los moros: *¡Que el peso de la justicia caiga de una manera inflexible sobre los culpables, sean los que fueren!... No se pierda de vista que el asesinato se ha perpetrado y que las víctimas son lloradas en estos momentos, no ya por la familia, por los amigos, sino por España, madre de todos esos desdichados. (El Correo Español*, de Orán, de 27 de junio).

Por primera vez en la historia de la España moderna el espíritu nacional se aglutinó en torno a la desgracia de unos españoles anónimos. *El Imparcial* abrió una suscripción para las víctimas; encabezada por SS.MM. Alfonso XII y Mª de las Mercedes con 40.000 reales. En la suscripción participaron personas tan heterogéneas como la infanta Isabel (con 10.000 reales), el marqués de Urquijo (4.000), el duque de Huéscar (1.000), varios ministros, don Francisco Silvela (800), Julián Pedroches, de oficio sastre (22 reales, «en vez de ir a los toros»), don Andrés Mellado, el ciego Manuel Molina *El Artillero* (2 reales), «un espiritista» (10), «un euskara» (100), etc., etc. La suscripción no solo se extendió a todos los rincones de España sino también a América, destacando la recaudación efectuada por *La Voz de Cuba*. Además, se aportó la recaudación de espectáculos como funciones de teatro, «corridas de toretes», colectas hechas en la calle por estudiantinas o derechos cedidos por algún autor. Fue pionera la *Compañía Dramática* de Adelina Dupuis, quien dedicó a las víctimas la función que dio en Orán el 27 de junio, dos semanas después de la tragedia.

En marzo del año siguiente, 1882, la cantidad recaudada ascendía a la enorme suma de 280.643,98 reales, repartida como sigue: Almería, 146.960 reales; Alicante, 47.910; Murcia, 20.309,78; Cartagena, 17.610; Saida, 9.412; Sidi-bel-Abbés, 9.283,20; Carboneras, 6.300; Tabernas, 6.100; Branbadas, 5.940; Madrid, 4.717; Orán, 2.470; Rioja y Gador, 1.660; Málaga, 520; Elche, 500; Pamplona, 400 y Cádiz, 320. Es probable que esta distribución sea proporcional a las zonas de procedencia de los emigrantes (*El Imparcial* de 19 de marzo de 1882).

El Imparcial publicó también un listado de las víctimas procedentes de Murcia, Almería y Alicante, cuya lectura impresiona: *Juan López Sierra, jornalero emigrado, no ha sido socorrido todavía con nada, se le murió un hijo de las fatigas del viaje (…) Tomás López Guirado, de Tabernas, ha quedado ciego de resultas de los malos tratamientos que sufrió (…) María Bornos Jiménez, de Almería, huérfana, le mataron a su hermano y estuvo cautiva (…) María Pérez Fortuna, perdió el marido. Tiene siete hijos (…)* Y así, hasta 86 familias en situación dramática.

El Gobierno de Sagasta reaccionó con rapidez. El 29 de junio, en París, el embajador de España, duque de Fernán-Núñez, entregó al ministro de Negocios Extranjeros de Francia, Barthélémy Saint-Hilaire, una nota pidiendo reparaciones. En Francia, la opinión pública se oponía al pago de reparaciones hasta que España indemnizase a los franceses perjudicados por las guerras carlistas. Y quedaba por resolver un problema principal: ¿cuántas eran las víctimas? Casi siglo y media después de los hechos, la pregunta aún no tiene respuesta; puede que nunca lleguemos a saberlo con exactitud.

Sea como fuere, el hecho es que la Junta Mixta de Reclamaciones recabó datos en el consulado de Orán, en los espartizales y entre los testigos que permanecieron en Argelia o se embarcaron para España, de manera que, en el mes de septiembre, el número de víctimas se fijó, con incierto realismo, en 193 (muertos y desaparecidos) y la reparación económica se estableció en 900.000 francos.

La masacre tuvo, además, repercusiones de otra naturaleza: colocó en el primer plano el éxodo de los españoles, su naturaleza, sus causas y, sobre todo, la inadecuación del marco legal en el que se inscribía. El Real Decreto del Ministerio de Fomento, de 18 de julio de 1881, creaba en Madrid una Comisión especial, bajo la presidencia del ministro de Fomento, José Luis Albareda, encargada de estudiar los medios para contener la emigración, en la medida de lo posible, por medio de la creación de puestos de trabajo. Todas las dependencias del Estado deberían proporcionar a la Comisión los datos que precisara. En la Exposición de Motivos se decía: *Señor: Los recientes y tristísimos acontecimientos de la vecina costa de África, donde han perdido vidas y haciendas compatriotas nuestros, víctimas de salvajes hordas mahometanas, no pueden menos de llamar con insistencia la atención del Gobierno de V.M. hacia los perjuicios que origina la emigración creciente de una parte de la población española (…) Agentes de empresas particulares fomentan la emigración, halagando el espíritu tradicionalmente aventurero de nuestro pueblo que, a impulso de la necesidad, olvida el hogar en que vive y la tierra que le vio nacer. Contrastan desagradablemente estos hechos con la falta de población de España, porque en las provincias que dan mayor número de emigrantes, Almería, Alicante y Valencia, permanecen sin cultivo regiones extensas por falta de brazos (…) Pero males tan arraigados no se evitan sin grandes dificultades; para enmendarlos y prevenirlos hay que empezar por reconocer su importancia y convenir en las causas que los producen. Querer remediarlos mediante una sola disposición legislativa sería temerario empeño, y emplear la fuerza de la ley, arrollando la libertad económica, fecundo principio de los pueblos modernos, no es posible en la actualidad ni lograría contener en su errado empeño a los que abandonan el país, rompiendo los vínculos de la familia y los lazos de la patria (…) No cabe duda de que el mal es complejo, resultado de causas difíciles de apreciar, y las mas veces conocido solamente por sus tristes consecuencias. Estudiarlo, para procurar los medios de contenerlo, será siempre empresa civilizadora.*

Y, en efecto, el estudio sistemático de la emigración española comienza el 16 de agosto de 1881 con la Real Orden del Ministerio de Fomento dirigida a los gobernadores civiles de la periferia, es decir, de Alicante, Valencia, Murcia, Almería, Málaga, Granada, Baleares, Canarias, La Coruña, Lugo, Pontevedra, Orense, Oviedo, Guipúzcoa, Vizcaya, Álava y Navarra (es interesante constatar la exclusión de las provincias del centro peninsular, catalanas y canarias). En la Orden se indica a los gobernadores que transmitan un cuestionario a la Diputación provincial, a la Sociedad Económica de Amigos del País, a las Juntas de Agricultura, Industria y Comercio y a los ingenieros agrónomos y de montes «*recomendándoles la urgencia con que la Comisión* (de Emigración) *espera su dictamen*». Cada uno de los gobernadores provinciales debería hacer llegar al ministro de Fomento los informes recabados el 15 de septiembre a más tardar.

El «*interrogatorio*» versaba sobre la existencia de emigración sistemática; países a los que se dirigía; número anual de emigrantes, «*clasificándolos por sexos y edades, si fuera posible, y enumerándolos desde la fecha en que existan datos fidedignos; causas de la emigración y posibles medios para contenerla y sustituirla por migraciones interiores*», y, por último, «*ventajas y garantías que ofrecen al emigrante las agencias de emigración*».

En 1882 se da el paso definitivo con el Real Decreto del Ministerio de Fomento, de 6 de mayo, que crea en la *Dirección General del Instituto Geográfico y Estadístico* un negociado que se ocupará de formar la estadística anual de la emigración e inmigración de habitantes de las provincias y de redactar cada año una *Memoria* especial circunstanciada. Esas *Memorias* —junto con los posteriores *Boletines* de la *Inspección General de Emigración*, del ministerio de Trabajo— han servido y sirven de base para los trabajos de investigación sobre la materia, aunque es preciso utilizar con mucha cautela los datos de este periodo, necesariamente imprecisos y, en ocasiones, contradictorios.

Contrariamente a lo que afirman algunos estudiosos, el declive de la emigración española a Argelia no se producirá tras la matanza de Bu Amema. De la *Statistique générale de la France* y de los datos correspondientes al censo de población de 1901, publicados por el Ministerio del Interior de la República Francesa, se deduce un aumento de la población española en el periodo 1881-1896. Figuran a continuación las cifras extractadas de la Memoria del Instituto Geográfico y Estadístico de 1903:

AÑOS	ESPAÑOLES
1881	114.320
1896	157.560
1901	155.215

La corrección del recuento se confirma con la siguiente estadística de españoles residentes en Orán a fecha 1º de enero de 1894, publicada por la *Cámara de Comercio Española de Orán*:

1894	VARONES	HEMBRAS	TOTAL
Provincia de Orán	52.784	47.974	100.758
Provincia de Argel y Constantina	28.220	19.800	48.020
TOTALES	81.004	67.774	148.778

Por zonas geográficas, entre 5.000 y 6.000 eran de las Baleares (casi todos residían en la provincia de Argel); unos 13.000 de Valencia, Granada y Málaga; 15.000 de Murcia, y de Alicante y Almería 114.000.

Las autoridades españolas también reconocen el aumento de la población española en Argelia: *El notable movimiento ascendente de la población española en Argelia a partir del año 1833 se debe al desarrollo natural de la fracción de nuestros emigrantes que en el vaivén entre España y aquel país se han ido quedando en el mismo; según esta explicación, la emigración ha debido ser bastante mayor que la inmigración, lo cual no concuerda con los totales del estadillo núm. 58 y prueba que éstos son deficientes por omisión, sin duda, de los individuos que emigran clandestinamente, procurando no dejar rastro de su salida, y de los que van a la Argelia desde puntos que no son puertos españoles.*

El incremento de la población femenina supera en la provincia de Orán al de los varones, lo cual viene a corroborar la observación hecha en la estadística del quinquenio 1891-1895 sobre la existencia de una especial corriente de solteras que se trasladan por sí solas a la Argelia con el propósito de reunir un modesto ahorro en el ejercicio de profesiones propias de su sexo, y conseguido su objeto, regresar con esa ganancia, que les sirve de dote para casarse y crear una familia. (Memoria del Instituto Geográfico y Estadístico).

Algunas de estas costureras, peluqueras o planchadoras se casaban con hombres de nacionalidad francesa y adquirían automáticamente esa nacionalidad. Pero se daban pocos casos en comparación con la masiva y continuada nacionalización de españoles que siguió a la política de asimilación emprendida tras los incidentes de Saida. Los continuos abusos de la Sociedad Franco-Argelina del Esparto contra los jornaleros españoles, en connivencia con funcionarios de la Administración, difícilmente se habrían producido tan impunemente contra nacionales franceses. Ya en 1882 algunos Ayuntamientos —entre ellos el de Orán— reservaron las adjudicaciones de obras públicas a franceses o naturalizados. La actuación de las autoridades judiciales era también claramente discriminatoria para los no franceses (según Informe de la *Cámara Española de Comercio de Orán*, citado por A. Fernández Flórez en el BIGE, tomo 2º, núm. 1, de 1930-1931).

En 1889 se da un paso decisivo para el afrancesamiento de Argelia mediante la promulgación de una ley de naturalización en virtud de la cual será francés todo hijo de español (u otro extranjero) que haya nacido en Argelia y no declare EXPRESAMENTE su deseo de seguir la nacionalidad del padre al llegar a la mayoría de edad. Los de segunda generación serán considerados franceses sin derecho a opción. Aparte, continua en vigor la ley de naturalización de 1865 y el decreto de 21 de abril de 1866, cuyas disposiciones exigen requisitos de residencia, moralidad y expresión de la voluntad de adquirir la nacionalidad francesa; se trata de la nacionalización «por decreto individual». Antes de la I Guerra Mundial, los de esta categoría alcanzaban un promedio de 1.000 al año, en tanto que los nacionalizados por la ley de 1889 eran 170.394 en 1906 y 188.068 en el año 1911 (según Víctor Desmontes: *Les populations algeriens*. Argel 1923, citado por Fernández Flórez, que cifra la adquisición de la nacionalidad francesa por matrimonio en unos 500 extranjeros por año). No es posible conocer el número exacto de los españoles que se nacionalizaron franceses, pero se estima superior a los 200.000 (Juan B. Vilar, op. cit.). Algunos pudieron adquirir las tierras que el Gobierno solamente concedía a los naturalizados; otros obtuvieron mejores puestos de trabajo y varias ventajas asociadas a la nacionalidad francesa.

En realidad, los españoles no tenían gran cosa que perder, excepción hecha de aquellos que corrieron la mala suerte de sucumbir por su nueva patria o sufrir lesiones al combatir en la I Guerra Mundial. Según V.

Desmontes, *...la mayor parte de los jóvenes de origen español naturalizados por la ley de 1889 han sido movilizados en 1914, mezclándose con los argelinos y, como ellos, se han conducido bravamente. Muchos han caído, y su sangre vertida por la causa de la Argelia francesa y por el triunfo de la Metrópoli ha hecho la unión definitiva de los neo-franceses en su patria de adopción* (Víctor Desmontes: *Les populations algeriens*, Argel, 1923, citado por Fernández Flórez).

Los que se mezclaban con los argelinos pertenecían al llamado en España «grupo de desarraigo», emigración familiar que va a arraigar definitivamente en Argelia, si bien la mayoría forma parte de la «emigración golondrina». Son llamados «escargots», «caracoles», porque cuando desembarcan atraen las miradas de todos hacia los colchones que llevan enrollados en espiral sobre su espalda; llegan a faenar los cereales (en 1930 ocupan las 8/10 partes de la superficie cultivada); a vendimiar (siempre hubo vides en Argelia, pero desde 1835, con unas 50.000 hectáreas, se pasa a 220.000 en 1930); a recoger la aceituna (en 1930 hay ocho millones de olivos, aproximadamente); a recoger los guisantes y las patatas de Argel y el tomate de Orán (implantado por los españoles) o para trabajar en el esparto (tres millones de hectáreas en 1930). No solo llevan a cuestas el colchón sino todo lo necesario para superar una prueba de supervivencia. Más del 80 por ciento de los emigrantes tienen por profesión habitual una agricultura que les mantiene inactivos varios meses al año. El viaje a Argelia no dura mucho y el pasaje no es muy caro. Si se junta el trabajo de varios miembros de la misma familia, conseguirán algunos ahorros o, al menos, sobrevivirán.

En el BIGE núm. 5, Tomo II, del periodo 1928-1929, se ofrecen los datos concretos que permiten calibrar el nivel de vida. Los obreros del campo cobraban 20 francos de jornal y media manutención (legumbres), más que los jornaleros de la ciudad o los obreros de obras públicas (20 francos, pero sin manutención). El precio del alojamiento viene a salir por 9 francos diarios por habitación. Alquilar un cuarto con cocina y retrete, entre 150 y 200 francos al mes. El pan, 2,20 francos el kilo; el kilo de carne, 18 francos; el de sardinas, 2 francos; un huevo, entre 0,60 y 0,80; un litro de aceite «malo», 6 francos.

En Sidi-bel-Abbés los salarios son más bajos, entre 15 y 20 francos. Por 30-50 francos se encuentra habitación «de baja categoría». Una simple cama y dos comidas cuestan entre 8 y10 francos; el pan 2,40; el vino, 3 francos el litro; un kilo de patatas, 1,25; el de garbanzos, judías o arroz, 3,50; la carne de vaca 9 francos el kilo; la de cerdo, 11 y la de cordero 12; el bacalao, 8 y las pastas para sopa,4.

En el interior del país la cosa es todavía peor. El jornal de los europeos asciende a 12 francos, pero, de manera muy significativa, los indígenas solo cobran 10. No hay habitaciones de alquiler. ¿A quien podría sorprender que los trabajadores se llevasen desde España choza y despensa a cuestas? A los españoles que hacen —cada vez menos— la vendimia en Francia, desde luego que no.

De ordinario, las clases modestas tienen que vivir al día, gastando cuanto ganan, si no es algo más. Un soltero necesita 400 francos; un matrimonio sin hijos, 600. Un adulto puede vivir en una casa particular por 90 a 120 francos mensuales, y los menores de 15 años necesitan de 60 a 75 francos.

La demanda de trabajo, tanto en Sidi-bel-Abbés como en el interior es nula de no ser obreros especializados, pero éstos ya vienen llamados de antemano.

Las clases de trabajadores que encuentran mejor acomodo son los labradores y pastores, mecánicos y herreros, empleados de industrias, molineros, barberos, empleados de comercio, mozos de cordel, canteros, tejeros, albañiles y poceros.

Los salarios no se encuentran en relación con la exigencia de la vida, habiendo poca o casi nula probabilidad de hallarlos lo suficientemente remunerados. En algunos oficios el salario del jefe de familia no basta y tienen que ayudarle la mujer y los hijos, trabajando las mujeres como costureras, lavanderas o criadas y los hijos como pastores o saliendo al campo a recoger olivas o sarmientos, oscilando los salarios de estos menores entre siete y nueve francos diarios, según la edad. (BIGE, núm. 5, Tomo II, 1928-1929)

Los mejor pagados eran los toneleros (los oficiales, 75 francos; los aprendices, 30); los mecánicos (50 y 30 francos respectivamente), y los albañiles 45/50 y 20.

El año de la gran crisis, 1929, desde España se veía la emigración a Argelia como un mal negocio: *Los obreros que no estén en posesión de un contrato de trabajo o de una carta de llamada de algún familiar en donde le garantice el viaje de vuelta, no deben salir de España para Argelia* (id. BIGE, 1929).

Desde Argelia, la perspectiva es diferente: Según Mario Roustan (*La mano de obra indígena en África del Norte*. Anales coloniales. París): ...*el rendimiento defectuoso de la mano de obra indígena es función de la penuria de mano de obra europea. El ejemplo más constantemente citado es el del departamento de Orán: calcúlase que hay en esa región un obrero europeo por cada dos obreros indígenas, siendo así que para el conjunto del territorio sea necesario tener un 25 por 100 de mano de obra europea y apenas si se llega a un 15. La lógica basta para indicar, puesto que la mano de obra europea impide a la mano de obra indígena ceder en su rendimiento, que todo debe ser ensayado para que esa mano de obra europea se vea preservada. Es, pues, absolutamente necesario que se ofrezca a los trabajadores europeos salarios que los atraigan y los retengan, y que les impidan, por el contrario, ir a reunirse con los trabajadores de las ciudades en detrimento de las labores agrícolas.*

En el mismo sentido se expresaba C. Sarramegna en *Crisis de la mano de obra en el África del Norte* (*L'Echo d'Argel*, 1929). Entre las causas de la crisis menciona la gran mortandad de obreros en la guerra mundial, la *Ley de las Ocho Horas* y la crisis de alojamiento, que paraliza la inmigración francesa y extranjera, sobre todo española e italiana. Por su parte, Víctor Desmontes, en su obra —ya citada– *Les populations algeriens*, describe así el cambio de la corriente migratoria española:

Nadie ignora que la mano de obra española ha sido uno de los mejores factores del éxito de la colonización europea, tanto en Orán como en el departamento de Argel (...) Cada año, antes de la guerra, el movimiento de pasajeros por vía de mar testimonia la llegada de treinta a cuarenta mil obreros españoles, e indica también que de veinticinco a treinta y cinco mil han vuelto a su país. Y así, España suministraba entonces anualmente a Argelia una mano de obra de estación y temporal y, además, otra difícil de evaluar, permanente y definitivamente sujeta a Argelia. La guerra no interrumpió las llegadas; es posible que en el curso de los primeros años las haya multiplicado, porque los colonos franceses y los naturalizados fueron reemplazados por obreros españoles. El censo de 1921 prueba que la colonia española, a pesar de los descuentos efectuados por las leyes de naturalización, ha emprendido otra vez su marcha adelante: en 1911 comprendía 133.469 individuos; en 1921 llega a 143.421 (...) Lo que nos enseña también el censo es que esta mano de obra se muda; los antiguos centros no atraen a los recién llegados; algunos de los feudos españoles, como El Ancor, Bu-Stern, Ain-el-Arba, pierden su bella vitalidad y las comarcas del interior son las que ganan los reclutas nuevos, o las comarcas de cultivo más seguro porque están irrigadas, como la región de Sidi-bel-Abbés y el valle de Shelif. De todas maneras, la tensión del cambio y el establecimiento, bajo la dirección de extranjeros, de nuevas industrias en España, son susceptibles de disminuir, si no de detener por completo, la inmigración española en África del Norte.

Las convulsiones que acompañaron a la breve existencia de la II República Española dieron el golpe definitivo a la «golondrina» de Argelia, precisamente cuando se intentaba regularla y humanizarla. Fernández Flórez, el inspector de Emigración a quien debemos las páginas más interesantes sobre la materia, decía lo siguiente en el BIGE de 1930-1931:

La emigración española a Argelia no se ha beneficiado hasta hoy con los preceptos de nuestra ley. Como único requisito para dirigirse a aquel país, los Consulados exigen cartas-contrato de llamada, con especificación de que los trabajadores disfrutarán de la ley francesa de accidentes de trabajo. Esta formalidad tan útil para nuestros emigrantes no se atiende en los puertos españoles con el debido rigor. Noticias recogidas en los Consulados me hacen saber que el puerto de Almería cumple a satisfacción, obligando incluso a los que contratan a los obreros españoles de aquella provincia a realizar depósitos de 30 pesetas para asegurar el viaje de retorno. No ocurre así, en cambio, con el puerto de Alicante, donde frecuentemente se da el caso de que salgan cua-drillas enteras (tradicionalmente, se las llamaba cuadrillas de «manijeros») *sin que los Consulados hayan enviado las cartas-contrato de llamada.*

Alicante fue el puerto de mayor importancia, seguido de los de Palma de Mallorca, Almería y Barcelona. También salieron los emigrantes por el de Málaga, aunque no había sido habilitado; desembarcaban en Melilla, muy cerca de Orania, a donde llegaban por tierra o por mar (según María E. Cozar Valero, op.cit.).

Fernández Flórez (op.cit.) da cuenta de la picaresca portuaria que, desde siempre, acompañó a los movimientos migratorios:

En el puerto de Alicante actúa un significado «gancho» llamado Claudio, que se encarga, mediante gratificaciones que oscilan de acuerdo con el servicio prestado, a facilitar su salida por aquel puerto. Un despacho de carta sin llamada u otros documentos se cobra de 15 a 30 pesetas, y por el visado del Gobierno Civil, de 2 a 3 pesetas. Hay, sin embargo, maneras más for-malizadas de sacar al pobre emigrante todo el dinero posible: *El Vicente*

La Roda, buque de 736 toneladas netas, es uno de los que llevan a Orán a los españoles de la región levantina que se ven forzados a buscar fuera de su patria el pan de cada día (en la provincia de Alicante aun hay jornales para los obreros del campo de tres pesetas, sin comida).

En el portalón del buque se ha situado una pareja de la Guardia Civil. En el muelle, los emigrantes que esperan pacientes la hora del embarque, con sus blusas de dril y sus bufandas al cuello, se diferencian bastante de sus hermanos los emigrantes del norte. Faltan las clásicas sillas de tijera que acompañan en su éxodo a los que van a América y, en cambio, se observan entre el equipaje más útiles de la casa: colchones, catres, etcétera.

Sentado en el muelle, un empleado de la Compañía cobra dos reales por cada bulto que se ha de subir a bordo (…) Es de tan corta duración la travesía que las dieciséis horas que dura nos hacen pensar que se pasan de cualquier manera. Pero ¿no estaremos equivocados? (…) No hay en el buque un solo asiento donde reposar pese a que, en las diez y séis horas han de sentirse forzosamente cansados. (…) Forzosamente nos inclinamos a pensar que en España nos hemos acostumbrado de tal modo a vivir mal que no notamos la falta de estas comodidades, tan de primera necesidad (…) No nos atrevemos a proponer una disposición que atienda a resolver este estado de cosas. El viaje a Orán en el Vicente La Roda cuesta, en tercera, de 32 a 42 pesetas, según las épocas, y tal vez al introducir alguna mejora se hiciese subir extraordinariamente ese precio (…) En el puerto de Alicante hace también escala otro buque, el Sitges, abanderado en el Rif, buque que perteneció a la Marina de Guerra francesa y que fue adquirido por unos españoles cuando estaba para desguazar. Según referencias recogidas en el Vicente La Roda, carece, incluso, de condiciones de seguridad para la navegación. Este buque, único entre el puerto de Argel y el de Alicante, transporta doscientos emigrantes y, a veces, más.

Afortunadamente, nuestra emigración a Argelia parece detenida por el momento, pero no puede olvidarse que la amenaza de que vuelva a realizarse está latente.

El bienintencionado inspector Fernández Flórez se equivocó. El número de los españoles en Argelia había descendido a unos cuarenta mil en 1928. La «amenaza latente» era de otra naturaleza, y tampoco los franceses supieron apreciarla. Con motivo del centenario del inicio de la colonización, escribía Maurice Ordinaire (político, jurista y periodista francés especializado en asuntos coloniales) en *El Centenario Africano,* París, 1930:

> *Esta colonización no se parece a ninguna otra. No existe en el mundo otra que presente el mismo carácter: un territorio en el cual un millón de europeos se halla instalado en medio de doce millones de indígenas, sin posibilidad alguna, por lo menos en mucho tiempo, de fusión étnica entre las dos razas. Esta separación, debida, como es sabido, a la intransigencia coránica, ¿presenta más inconvenientes que ventajas, teniendo también su valor la pureza de las razas? Es ésta una cuestión que no tiene mas que un interés teórico. El hecho de hacer vivir en buena inteligencia estos dos pueblos tan distintos no es cosa fácil. El genio francés lo ha logrado con éxito sorprendente gracias a la familiar benevolencia de nuestro carácter y a un espíritu de justicia que ha sobresalido de las grandes prevenciones resultantes de los tormentosos comienzos (…) En Argelia la naturalización automática ha proporcionado una gran mayoría de ciudadanos franceses, sin haber borrado aun en la provincia de Orán, donde la inmigración española ha sido compacta, los rasgos del carácter extranjero.*
>
> *Con esta mezcla se forma el pueblo argelino, el que, por haber casi cesado la inmigración, SE CONVERTIRÁ CON EL TIEMPO EN UNA PEQUEÑA FRANCIA DE LEALTAD PERFECTA, conservando al mismo tiempo cierta originalidad de costumbres.*

Maurice Ordinaire no vivió lo suficiente (falleció en 1934) para comprobar el inmenso error de su profecía sobre la «lealtad» de la «pequeña Francia», casi cinco veces más extensa que la benévola Metrópoli y con unos nueve millones de indígenas que nadie tomaba en consideración. Y, por si esto fuera poco, con un amplio substrato poblacional de sangre española que podría caer en la tentación de intentar devolver a España —mucho más veterana en la zona— el dominio sobre todo o parte del territorio colonial. Tampoco vivió lo suficiente para comprobar la «familiar benevolencia de nuestro carácter francés» aplicado a los republicanos españoles que buscaron refugio en Argelia tras su derrota en la Guerra Civil.

Con la asistencia de más de 2.500 personas que gritaban «*¡Viva Franco! ¡Arriba España!*», el 2 de marzo de 1939 se celebró en el consulado español de Orán la izada de la nueva bandera nacional. Asiste al acto el exsacerdote Gabriel Lambert, alcalde de la ciudad, que también utiliza el saludo fascista del brazo en alto. Se dice que es amigo personal de Franco. El comisario jefe del departamento de Orán se alarma y escribe al prefecto:

Desde el reconocimiento del gobierno de Burgos, ya Orán no parece una ciudad francesa y uno se queda confundido con la soberbia, por no decir la desfachatez, que ostentan los que se declaran franquistas. Yo denuncio una vez más los peligros con los que una hispanización excesiva amenaza el predominio francés. En Orán, se habla, se piensa, se obra en español, y cada día que pasa agrava la situación.

Muchos jóvenes con antecedente español quieren recuperar la nacionalidad y otros jóvenes que se incorporaron voluntariamente al ejército francés piden la baja y quieren trasladarse a España. En muchas ciudades se crean Secciones Femeninas de la Falange. Una parte de la población netamente francesa se muestra muy favorable al fascismo y participa activamente en las animadas celebraciones de carácter español. Se celebra el día de San Francisco (onomástica del *Caudillo*), el día de la Raza y el aniversario del asesinato de José Antonio Primo de Rivera y una misa, dicha en francés porque el gobernador general se opone al uso del castellano y ha prohibido que se utilice en los espacios públicos, de manera que los infractores pueden ser multados e, incluso, encarcelados.

Por su parte, también el obispo de Oran, monseñor Durand manifiesta su disconformidad con el auge españolista: *¿Qué valen estas reivindicaciones injustas y criminales, bajo el punto de vista histórico? Absolutamente nada. Francia podría de este modo pedir toda Europa, donde ondeó la bandera de Napoleón, desde Cádiz hasta Moscú. ¡Franceses! Estamos aquí en nuestra casa y pensamos permanecer y estigmatizamos la actitud de estas aves de rapiña que quisieran aprovecharse de nuestro desarme para robarnos parte del Imperio que los hijos de Francia, que aquí vinieron, regaron con su sangre.* La traducción del texto corresponde al cónsul en Orán, Bernabé Toca y Pérez de la Lastra (anterior representante de la España nacional en Berna durante la Guerra Civil) en la carta enviada el 7 de noviembre de 1940 al Ministerio de Asuntos Exteriores (Andrée Bachoud: *Exilios y migraciones en Argelia. Las difíciles relaciones entre Francia y España*. Universidad de Paris VII —https://www.revistaayer.com/).

La actividad propagandística llevada a cabo por Bernabé Toca fue tan intensa que su colega del Castillo, cónsul español en Argel, la consideró excesiva y así lo manifiesta por escrito al ministro de Estado: *Debo, sin embargo, advertir lealmente a V. E. que el entusiasmo patriótico y su impulso personal, tanto del cónsul como del padre Manresa, les hace excederse, en mi juicio, en una propaganda, respecto a la eventual integración a España de la provincia de Orán, y para cuya finalidad ignoro si están autorizados.*

El cónsul en Orán, sin embargo, se muestra inasequible al desaliento y en fecha 7 de noviembre de 1940 (según Andrée Bachoud, op.cit.) escribe al ministerio de Asuntos Exteriores comentando el tema de las repatriaciones: *Por otro lado, no nos conviene, en modo alguno, disminuir la población española en las actuales circunstancias. A pesar de lo triste del caos, si se le mira bajo un punto de vista realista, ese mismo descontento y desesperación que el maltrato francés causa en nuestros compatriotas puede ser, y lo está siendo, aprovechado y encauzado para favorecer y hasta servir de una de las bases de la posible y justificada reivindicación española.* Bernabé Toca se estaba refiriendo a la *Ley de protección de la mano de obra nacional,* de 15 de septiembre de 1940, y al decreto que limitaba a un 10 por 100 el porcentaje de extranjeros que se podían emplear, pero el verdadero maltrato —realmente inicuo— era el que, desde el primer momento, aplicaron las autoridades francesas a los refugiados republicanos españoles, considerándolos «indeseables» y peligrosos. Cierto es que la inmensa mayoría de los republicanos españoles, por su parte, consideraba indeseable el dominio de unos pueblos sobre otros, esto es, el gobierno colonial en sí mismo, que ya empezaba a ser cuestionado por indígenas nacionalistas (embrión del futuro FLN) y por grupos minoritarios de europeos.

El 28 de marzo de 1939 las tropas de Franco, tras dos años de asedio, habían entrado en Madrid. Ese día, en el puerto de Alicante se agolpaba una multitud —decenas de miles de personas— intentando escapar de España hacia las posesiones francesas en el Norte de África, es decir, a los protectorados de Marruecos y Túnez y al (teóricamente) «departamento» francés de Argelia. En el puerto —asediado por la marina y la aviación nacionales— se hallaban anclados dos buques británicos, el *Marítima,* de 5.800 toneladas, y el *Stanbrook,* de 1.500 toneladas, con una tripulación de 24 marineros bajo el mando del capitán galés Archivald Dickson, de 47 años, que había recibido la orden del propietario, Jack Billmeir, de cargar naranjas y azafrán, con la expresa prohibición de evacuar civiles. Conmocionado por el espectáculo de los desesperados y aterrorizados republicanos, el capitán Dickson desoyó las órdenes del propietario y permitió el abordaje de la inverosímil cifra de 2.638 hombres, mujeres y niños, y zarpó al atardecer —cuando las tropas italianas ya entraban en la ciudad— navegando escorado y por debajo de la línea de flotación; aunque se dirigía hacia Argelia, tuvo que cambiar de rumbo en varias ocasiones para esquivar la persecución del crucero *Canarias*. Tras 22 horas de travesía, infernal por causa del densísimo hacinamiento —sin lugar para sentarse o para aliviar las necesidades fisiológicas, como no fuera por la borda—, el *Stanbrook* arribó a Mazalquivir, cerca de Orán. (La odisea de este traslado y la posterior permanencia en Argelia de los exiliados ha sido extraordinariamente documentada por el profesor de la Universidad de Alicante, Juan Martínez Leal, que es el promotor del proyecto (año 2020) del *Archivo de la Democracia*, de dicha Universidad, para el estudio del *Exilio republicano en el norte de África*, dividido en 11 capítulos. Le hemos seguido especialmente en el Capítulo 3. *Los barcos del exilio*, y en el Capítulo 5. *El destino de los refugiados: los campos de internamiento*).

En Alicante, las 15.000 personas que quedaron atrapadas en el puerto fueron conducidas por los soldados italianos al campo de concentración de los Almendros y, más tarde, al campo de concentración de Albatera. Curiosamente, horas después de la salida del *Stanbrook*, un buque tres veces mayor, el *Marítima*, zarpó rumbo a Marsella con tan solo treinta y dos personas a bordo, todas ellas autoridades republicanas o familiares. A pesar del debate que el elitismo de esta evacuación suscitó en un Pleno de la Federación Socialista Provincial de Alicante celebrado en Orán, nunca se aclararon totalmente las razones (Kristin Suleng: Último barco al exilio. *El País* de 23 de marzo de 2014.). De las actas de la reunión mencionada cabría deducir que el capitán del *Maritima* se negó en rotundo a admitir a nadie que no fuera autoridad, hasta el punto de decir brutalmente que *«no admitía en su barco a más asesinos españoles»*, ordenando levantar anclas entre la una y las dos de la madrugada. En ese 19 de marzo y en los tres días siguientes salieron con exiliados numerosas barcas pesqueras desde Benidorm, Denia, Villajoyosa, Santa Pola, Torrevieja y otros puertos del Mediterráneo.

En Orán proseguía la odisea del *Stanbrook*. Los españoles llegaban convencidos de que serían recibidos como héroes, pero la realidad era muy distinta. Ya hemos apuntado que las autoridades francesas consideraban a «los rojos españoles» —como se les denomina en varios documentos— un peligro de contaminación ideológica para a población local, y en particular para la población indígena, doblegada pero no asimilada. Estaba, además, la cuestión sanitaria y la cuestión económica: quién y cómo pagaría el traslado de los refugiados y su manutención. Y, para colmo, todo va a empeorar con el inicio de la II Guerra Mundial el 1º de septiembre de 1939. El 12 de abril, el prefecto Monsieur Boujard emitió un informe en el que cifró en 2.477 el número de los refugiados españoles que estaban confinados en 13 barcos, 1.115 de los cuales correspondían al *Stanbrook*; el periódico *Oran Républicaine* de 14 de abril aumentará esa cantidad a 1.370. Las mujeres, los niños y los enfermos ya habían desembarcado el 21 de marzo y según los testimonios de muchos protagonistas, fueron acogidos con suma frialdad. A los hombres que quedaron en el barco les esperaba el infierno. Primero, un mes de encierro forzoso en un barco pequeño y claustrofóbico, un espacio que no estaba mínimamente preparado para albergar tantas personas, conllevó la proliferación de parásitos, piojos de tamaño monstruoso a los que uno de los embarcados, Antonio Vilanova (*Los olvidados. Los exiliados españoles en la segunda guerra mundial.* Ed. Ruedo Ibérico, 1969) llama «trimotores». Hubo también un conato de epidemia de tifus. Pero, exceptuando a un reducidísimo número de privilegiados, el desembarco no supuso ninguna liberación para los refugiados pues fueron destinados a campos de trabajo forzoso en los que fueron maltratados de la forma que recoge el profesor Martínez Leal y que también describe Eliane Ortega Bernabeu (*Exilio republicano de 1939 en Argelia*, 22 de enero de 2018, Clásicos Mínimos, Galeatus y revista mensual hispano-magrebí *Atalayar*, de 24 de abril de 2015) entre otros tratadistas, biógrafos y documentalistas.

Eliane Ortega, nacida en Orán, es nieta de uno de los refugiados españoles que llegaron a Argelia el 13 de marzo de 1939, y se ha dedicado a investigar el pasado de su abuelo y sus compañeros republicanos, *por ser una historia desconocida en España. Por los que perdieron todo, familia, casa, recuerdos. Por los que dieron su vida por la república. Por los que murieron sin poder volver a España. Para que no se quede en el olvido.* Para ello, ha centrado su estudio en los campos de concentración de Argelia. Dichos campos no pueden ser englobados en la misma categoría puesto que unos tienen por única finalidad el rendimiento laboral en tanto que otros cumplen una función sancionadora o punitiva. Siguiendo a Martínez Leal (op.cit.), pueden distinguirse campos de tres clases:

1º. CAMPOS DE ACOGIDA Y CLASIFICACIÓN HASTA LA PRIMERA GUERRA MUNDIAL, como el de *Mers-el-Kébir*, la *Caserne Bethezène* o *Carnot*, que, aunque estaban vigilados por guardias armados, se podía salir de ellos si un familiar se comprometía a mantener al interno o éste conseguía un contrato de trabajo; era igualmente posible con el aval de una organización humanitaria o política reconocida. Carnot funcionó como un centro de reagrupación familiar, pero el más importante fue *Camp Morand*, en Boghari, a unos 150 km. al sur de Argel. Martínez Leal lo describe así:

Estaba situado sobre un desolado altiplano a tres kilómetros de Boghari, en un antiguo campamento abandonado de la Legión Extranjera. Era un gran recinto vallado por alambradas dividido en seis barrios de 12 barracones (Ilots) cada uno, más una serie de dependencias comunes, administración, cocinas, dispensario y explanada que se utilizaba como campo de deportes, sobre todo fútbol. Cada barrio tenía un alcalde designado de entre los refugiados, que vivía en contacto con ellos y cada Ilot tenía un responsable y una cabida para cincuenta hombres. El campo, por tanto, llegó a albergar a más de 3.000 internos, en su inmensa mayoría españoles, que se encargaron prácticamente de levantar y adecentar las barracas y las instalaciones. La barraca nº 5 que habitaba José Muñoz Congost, entre otros, se llamaba Villa Stanbrook. A otras —en aquella ardiente explanada— no les faltaba el nombre humorístico: la nº 3 se llamaba Villa Alaska; y otra, con un toque de humor negro y amargo, El Manicomio. El recinto estaba fuertemente vigilado por gendarmes y una compañía de fusileros senegaleses, pero el régimen interior permitía permisos de fin de semana y correspondencia, incluso recibir prensa, todo ello, claro está, muy sujeto a la discrecionalidad de la dirección del campo. Por todo sanitario, se excavaron grandes zanjas en la zona sur, frente a una barrancada donde los internos hacían sus necesidades fisiológicas.

Posteriormente, a mayor altura en las montañas, se abrió *Camp Suzzoni*, que se acabó convirtiendo en una especie de sanatorio para los españoles que enfermaban gravemente en los campos del desierto. En el *Camp de Cherchell*, donde se concentraron a especialistas, intelectuales y discapacitados. El *Camp de Beni Hendel*, en el macizo montañoso de Oued Senis y el *Camp de Beni Saf*, en la costa, fueron de los más benignos.

2º. CAMPOS DE TRABAJO FORZOSOS: LAS COMPAÑÍAS DE TRABAJADORES EXTRANJEROS Y LA CONSTRUCCIÓN DEL FERROCARRIL TRANSAHARIANO.

Al finalizar la Guerra Civil española, la Republica Francesa contaba con la presencia —indeseada— de más de 200.000 españoles, repartidos entre el territorio metropolitano y las colonias africanas. Ya en el mes de abril de 1939, un decreto prescribió que los refugiados extranjeros con edad comprendida entre 20 y 48 años debían prestar trabajos equivalentes al tiempo que los franceses debían cumplir en el servicio militar. Así se crearon las *Compagnies de Travailleurs Étrangers* y, tras el estallido de la II Guerra Mundial en septiembre del mismo año, se prescribió la obligatoriedad de la incorporación de los extranjeros a las mismas, al tiempo que las actividades se orientaban hacia una economía de guerra: infraestructuras, fortificaciones, canteras, minas, explotaciones agropecuarias, etcétera. Dependían del Ministerio de Defensa, estaban sujetas a la jurisdicción militar y dirigidas por oficiales del ejército. En África del norte se crearon 12 *Compañías de Trabajadores Extranjeros*, formadas en *Camp Morand*. Desde este campo salieron unos 2.500 trabajadores españoles, con diversos destinos, para construir carreteras e instalaciones militares en el este de Argelia y, sobre todo, hacia Bou Arfa (Marruecos) y Colomb Bechar para la construcción de una línea de ferrocarril que uniría Argel y Dakar. En este grandioso proyecto ferroviario (los sesenta km. de vía férrea que llegaron a construirse permanecen cada vez más ocultos, enterrados por las arenas del desierto) participaban ocho *Compañías de Trabajadores*. Una estaba compuesta por judíos e «indeseables». La sexta correspondía a Hadjerat M. Guil, en la propia línea del ferrocarril. La séptima estaba formada exclusivamente por «*Spanish veterans (Reds)*» —«Veteranos españoles (Rojos)»— según un informe confidencial, de 17 de septiembre de 1942, de los Servicios de la División de Inteligencia Militar Aliada, en el que también se lee que en el campo de Ain-el-Ourak (Marruecos) *los internos viven en condiciones de miseria brutal, de inanición, difíciles de creer,* y que el trato disciplinario ofensivo y humillante puede considerarse generalizado a los que trabajan en el ferrocarril. Tan es así que Eduardo Maldonado, cónsul de la España nacional en Uxda (por donde también debería discurrir el trazado del transahariano, con el que se pretendía conectar toda el África francesa), el 13 de diciembre de

1940 escribió al Ministro de Asuntos Exteriores en los términos siguientes: ... *Debo manifestarle que, en cambio, se presenta el caso en esta región de existir en ella los campos de concentración de Bu Arfa y Colomb Bechar que reúnen entre ambos unos 4.000 refugiados españoles, a los cuales se les hace trabajar en condiciones inhumanas en el comienzo del ferrocarril transahariano (…) y de seguir así las cosas será casi terminado con estos brazos españoles, cuyo rendimiento en el trabajo asombra a los franceses juzgándolo triple que el del indígena, pero pagándolo en cambio a 2 francos diarios* (en los «campos» argelinos el estipendio oscilaba entre 0,50 y 2 frs.), *mientras que a éste, como mínimo, dado lo desértico de los lugares, tendrían que satisfacerle de 40 a 50 frs. (…) Es, pues, mi opinión que se debía efectuar por autoridades superiores a la de este Consulado, una queja oficial enérgica, reclamando contra la oposición francesa a que estos desgraciados vuelvan a su patria, impidiéndoles escribir pidiendo su repatriación, no entregándoles las cartas de respuesta que les dirijo, pintándoles con negros colores su vuelta a España, etc.…, en fin, toda la gama de una oposición orquestada PARA CONTINUAR EL PROVECHO QUE LES PROPORCIONA ESTA NUEVA FORMA DE ESCLAVITUD.*

No se debe olvidar que esta *forma nueva de esclavitud* no solo constreñía a hombres acostumbrados a las fatigas del trabajo físico —en los campos argelinos casi exclusivamente «de pico y pala»— sino también a hombres que antes de la guerra civil habían sido artistas, intelectuales, funcionarios, profesionales del sector de los servicios, etc., para los cuales el rigor climático y las penurias alimentarias, higiénicas y demás conllevaban un grado superior de sufrimiento. A la privación de libertad y a unas condiciones de trabajo insoportables añádase la brutalidad del trato por parte de los vigilantes —senegaleses, con frecuencia— y se completará el cuadro de los españoles internados en los campos de trabajo forzosos de Argelia y Marruecos.

En realidad, cualquier motivo banal daba lugar a maltratos y castigos brutales de los que están repletas las memorias. Desde vergajos, golpes de porra y culatazos, verdaderas palizas a veces, hasta los tristemente célebres el «cuadrilátero» y sobre todo el «tombeau» («la tumba»). El cuadrilátero era un pequeño recinto rodeado de alambradas, permanentemente vigilado, donde se encerraba día y noche a los castigados sin ninguna protección frente al sol infernal o el frío inclemente de la noche, sólo con sus tristes harapos y una dieta de hambre. El tombeau se reducía una simple fosa a modo de tumba que el reo debía de cavar y permanecer día y noche tumbado a pan y agua. Se trataba de minar hasta el extremo la resistencia física y mental de los forzados o de dar salida a los más bajos instintos sádicos de algunos de los guardianes de las Compañías.

3º. CAMPOS DISCIPLINARIOS, DE CASTIGO Y PENALES.

Aunque parezca difícil, peor destino aun que el de los campos de trabajo forzosos era el que esperaba a los reclusos en los campos de castigo, reservados para díscolos, comunistas y otros opositores al régimen de Vichy. Abundan los testimonios sobre las sevicias allí sufridas por los emigrados, algunos salidos de plumas tan significadas como la del escritor Max Aub, que se había exiliado en Francia, donde fue denunciado por comunista. *Fui conducido esposado a través de Toulouse para ser transportado en las bodegas de un barco ganadero a trabajar en el Sahara y otras amenidades reservadas a los antifascistas.* Llegó a Argelia en compañía de otros muchos deportados españoles y fue internado en el campo de *Djelfa*, dirigido por un comandante llamado Julio César Caboche, un sádico al que dedicó el poema siguiente: *No tienes tú la culpa, comandante./ ¡Tú no cuentas para nada!/ Eres menos que una piedra/, menos que una joroba dromedaria,/ menos que una meada./ Te pusieron ahí como pudieron poner a otro cualquiera/, ¡qué más les daba!/ Tú no eres nada,/ siendo microbio eres microbio muerto,/ y piojo blanco putrefacto;/ sarna, lepra que no contagias,/ podrido esqueleto yerto de cara verdugada/ verde verdugo indecente/ no tienes culpa de nada;/ negro verdugo podrido.* (Diario de Djelfa)

Sin embargo, todos los conocedores del tema coinciden en que el peor de todos los campos de castigo fue el de *Hadjerat M'Guil*, conocido como «Campo de la Muerte». De los 250 internados, unos 70 eran españoles, el resto estaba formado por legionarios sancionados, alemanes, polacos e italianos antifascistas, y judíos. Picar piedra y hacer ladrillos de adobe fueron los trabajos más comunes. El agua se recogía de un riachuelo cercano en tinetas metálicas de 80 litros transportadas entre dos hombres medio kilómetro salvando un desnivel de cuarenta grados. El campo estaba dirigido por el teniente Xavier Santucci (posteriormente condenado a muerte y ejecutado), un corso fascista y brutal, al que llamaban *Bocanegra*, cuya consigna era: ¡*Nadie saldrá vivo de aquí!* En esta tarea colaboraron de manera encarnizada su perro y sus ayudantes, sobre todos los cabos ex legionarios, el alemán Otto Riepp (posteriormente condenado a muerte y ejecutado) y el ruso Dourmenoff (posteriormente condenado a muerte). Los insultos, los golpes y las palizas, en algunos casos hasta la muerte, fueron una constante en este campo. Los testimonios de las vejaciones públicas, las palizas y las torturas hasta provocar la muerte de 11 internos (cinco de ellos, españoles) son abrumadores en los casos del antifascista alemán Lewinstein y los españoles Moreno Ruiz y Francisco Poza Olives; este último, mahonés de 25 años, fue asesinado el 10 de mayo de 1942.

El 8 de noviembre de 1942, fecha del desembarque aliado en el norte de África, señala el principio del fin de la pesadilla para los internos en los campos. Sin embargo, la liberación se hizo esperar. Hasta abril de 1943 no fue cerrado el campo de Djelfa y la supresión de las vergonzosas Compañías de Trabajo no se efectuó hasta septiembre de 1944. En este año, el presidente del Tribunal militar que juzgó las atrocidades de Djelfa dijo *Vuestros campos han sido más terribles que los hitlerianos* y, consecuentemente, dictó cuatro condenas de muerte y otras de trabajos forzados.

Finalizada la guerra, se inicia la dispersión de los 12.000 españoles (aproximadamente) refugiados-atrapados en las posesiones francesas del norte de África. Unos se quedan, otros irán a la metrópoli o hacia América —especialmente a México y Argentina—, en tanto que otros iniciarán el goteo hacia la patria.

El literato y premio Nobel Albert Camus, cuya familia materna tenía origen menorquín, apreció la entereza de los republicanos refugiados y les dedicó una declaración de afecto:

Con frecuencia, la España del exilio me ha mostrado una gratitud desproporcionada porque los exiliados españoles lucharon durante años y, luego, aceptaron con dignidad el dolor interminable del exilio. Yo me he limitado a decir que ellos tenían razón. Y solamente por esto, he recibido durante años la fiel, la leal amistad española que me ha ayudado a vivir. Esta amistad, aunque yo no la merezca, es el orgullo de mi vida. En realidad, es la única recompensa que puedo desear.

Albert Camus, Lo que le debo a España, 1958.

Junto con esos españoles que son su orgullo, Camus será testigo del auge creciente del nacionalismo argelino y del horror de la guerra de independencia, iniciada el 1º de noviembre de 1954 con 70 atentados contra edificios públicos de Argelia, perpetrados por el *Frente de Liberación Nacional* (FLN), tal como relata el creador del sindicato español Comisiones Obreras, Marcelino Camacho, en su obra *Confieso que he luchado. Memorias* (Madrid, Ed. Temas de Hoy, 1990). Camacho había llegado a Argelia con la «P» de «Penado» marcada en la espalda porque le habían capturado los franceses después de evadirse de un campo de trabajo en Marruecos. En Orán aprendió el oficio de fresador, se casó y tuvo dos hijos, pero no conoció todo el espanto de la guerra de independencia argelina pues regresó a España en 1957.

Los movimientos de emancipación fueron muy débiles en Argelia hasta después de la II Guerra Mundial, cuando proliferaron las reivindicaciones de los colonizados (no sólo argelinos), muchos de los cuales habían participado en dicha contienda defendiendo los intereses de las respectivas metrópolis, y alentados por una recién creada Organización de las Naciones Unidas (ONU) que, por inspiración de la Unión Soviética y de los Estados Unidos, estaba dispuesta a propiciar un proceso generalizado de supresión de las colonias.

El 8 de mayo de 1945 se produjo en la región de Constantina la llamada «Matanza de Setif», desencadenada a raíz de las manifestaciones independentistas, tras la cuales se cometieron espantosos desmanes, tanto por parte de los europeos como los musulmanes. La represión y la represalia causaron miles de muertos y muchas aldeas arrasadas. La cifra oficial de muertos asciende a 15.000, pero el FLN la elevó a 45.000. Este método brutal logró ralentizar, pero no acabar con las reivindicaciones del pueblo argelino, que sufría una indisimulada discriminación con respecto a los colonos de origen europeo, los llamados «pies negros», «pieds-noirs». Dejando a un lado la usurpación de tierras, los desplazamientos de población forzados por los colonizadores, la indiferencia de la Metrópoli con respecto a los sucesivos fraudes electorales y la discriminación jurídica y salarial de los nativos, en 1954 apenas el 15,4 % de los niños musulmanes estaban escolarizados; casi un millón setecientos mil no recibían educación reglada. En toda Argelia, el número de alumnos musulmanes que cursaban algún tipo de enseñanza secundaria —incluida la formación profesional— no llegaba a los doce mil.

El clandestino *Comité Revolucionario de Unidad y Acción* formado por musulmanes independentistas, el 1º de noviembre de 1954 creó el

Frente de Liberación Nacional (*Front de Libération Nationale* —FLN) que, junto con su brazo militar, el Ejército de Liberación Nacional (*l'Armée de Libération Nationale*—ALN) lideró el sangriento conflicto por la independencia en el periodo 1957-1962. El FLN contó con el apoyo de los países con mayoría de población musulmana y con otros que habían alcanzado la independencia recientemente, así como una cierta cooperación de la España de Franco (que jugó a dos aguas, como ahora veremos) y el respaldo de la ONU. Aquí no entraremos en el desarrollo de una contienda que ha hecho correr ríos de tinta y de celuloide, que provocó la muerte a más de 30.000 franceses y —según el FLN— la muerte y lesiones a un millón de argelinos.

En la guerra se enfrentaron cuatro o más facciones. En el lado de Argelia, el FLN se opuso y eliminó a cualquier otro partido u organización que pretendiera liderar la liberación nacional y mató sin contemplaciones a los argelinos (numerosos mercenarios, entre otros) que colaboraban con Francia. En el lado de Francia, los partidos y sindicatos de izquierdas se enfrentaban al gobierno de la Metrópoli, al ejército —inicialmente— y a los *pied-noir* (erróneamente englobados en el estereotipo de *rico–racista–explotador que abusa de nativo–inocente–bondadoso*). La inmensa mayoría de los republicanos españoles veían con simpatía la lucha para librarse del yugo colonial, pero, obsesionados con deshacerse de Franco, rechazando la generalización de atentados contra la población civil por parte de ambos combatientes, indignados contra el FLN por asesinar a alguno de los exiliados por el único motivo de ser *rumi*, europeo, y descontentos también por el marcado cariz religioso del FLN (en 1960, sus representantes declararon que en la nueva Argelia *«excluían de cualquier futuro a los no musulmanes»*), se alinearon, en teoría, con la izquierda francesa sin involucrarse demasiado en el conflicto. En cambio, los *pied-noir* (con o sin origen español) se alinearon con Francisco Franco sin saber que él había jugaba a dos cartas.

En contra de lo esperable en un dictador de ideología ultraderechista, la insurrección que estalló a 120 km. de la costa de Almería no pareció inquietar al general Franco a pesar de que podría conllevar serias repercusiones en el protectorado español de Marruecos. Es posible que predominase el deseo de represalia por la marginación que la IV República francesa había aplicado al Régimen español tras la Segunda Guerra

Mundial pues, ya el 10 de febrero de 1955, el carguero *Athos* desembarcó en el puerto de Nador (Marruecos español) armas para los insurrectos. El 28 de octubre de 1961, dos buques escolta franceses interceptaron frente a las costas argelinas al carguero *Irigito*, que había zarpado desde España con fusiles de asalto para el FLN. Según el historiador Francisco Sánchez Ruano (*Islam y guerra civil española*. La esfera de los libros, 2004) el encargado de supervisar esos envíos era el ministro del Ejército, general Agustín Muñoz Grandes.

En sentido opuesto, pero mucho más acorde con una ideología conservadora y nacionalista, Franco dio libertad de acción (vigilada) en territorio español a militares y civiles franceses opuestos a la descolonización. Por eso, bajo la dirección del general exiliado Raoul Salan, a comienzos de 1961 la Organización del Ejercito Secreto (*Organization de l'Armée Secrète* —OAS) se creó en Madrid, donde se preparó también «el golpe de los generales», encaminado a impedir que el general Charles de Gaulle concediese la independencia a Argelia. El ideólogo de las operaciones, el médico Jean-Jacques Susini, relata toda la peripecia en su obra *Histoire de l'OAS* (Edition de la Table Ronde, Paris 1963) y dice que él todos los días acudía a la suite del hotel Princesa, de Madrid, donde se alojaba el general Salan, y allí *Elaboré el plan de sublevación militar, un borrador de constitución y un esquema de una futura guardia nacional para controlar el territorio. También recibíamos a oficiales que venían a presentar sus respetos o incluso a adherirse a Salan.*

En España recibieron la ayuda incondicional de Ramón Serrano Suñer, cuñado de Franco, quien les facilitó el avión de regreso a Argelia el 22 de abril de 1961: *Salimos a escondidas del hotel Princesa, por la puerta de servicio, para despistar a nuestros escoltas. Se nos condujo a un chalé y allí nos recogió un hijo de Serrano Suñer quien nos llevó hasta la pista del aeropuerto de Barajas, donde nos esperaba el aparato.*

El complot fracasó y la OAS inició una carrera terrorista que acabó con la vida de unas 2.700 personas, de religión musulmana en su inmensa mayoría. Los actos de represalia del FLN se plasmaron en una campaña de secuestros. Entre el 19 de marzo y el 31 de diciembre de 1962 más de 3.000 civiles fueron secuestrados y la mayoría torturados, asesinados y hechos desaparecer. El goteo del éxodo europeo se fue intensificando. El 18 de marzo de 1962 se firmaron en Evian-les-Bains los acuerdos de alto el fuego y autodeterminación entre la república francesa y el gobierno provisional (FLN) de la república de Argelia. Los referendos sobre la independencia que se celebraron en Francia y en Argelia arrojaron unos resultados apabullantes en favor del «sí». Los *pieds-noirs* se precipitaron aún más para vender sus propiedades. Algunos llegaron a aplicar el sistema de tierra quemada, incendiando casas y vehículos antes de salir para el exilio.

El 3 de junio, el general de Gaulle declaró que Argelia era independiente pero el FLN prefirió declarar día de la independencia el 5 de junio, aniversario de la llegada de los franceses a Argelia en el siglo XIX. Ese día estaba previsto realizar ceremonias de proclamación de la independencia, pero unos disparos de júbilo lanzados en la plaza de Armas de Orán desataron, primero el pánico y la desbandada y, después, un auténtico *amok* malayo, un horripilante ataque de locura homicida contra los europeos, perpetrado por el FLN y por espontáneos civiles armados de cuchillos y machetes. Aunque muchos europeos ya se habían marchado, aun quedaban en Orán más de cien mil. Unos 3.000 perdieron la vida y otros muchos sufrieron heridas y mutilaciones. Esta masacre precipitó la huida de los *pieds-noirs* y demás europeos que aun quedaban.

Según el periodista francés (nacido en Argelia y de origen español) Leo Palacio (*Les pieds-noirs dans le monde.* Paperback,1968) 1.380.000 de los pieds-noirs se establecieron en los departamentos soleados del sur de la Francia continental y en Córcega (unos 17.000). Se domiciliaron en España unos 50.000; 12.000 en Canadá; 10.000 en Israel y en Argentina 1.500. Se calcula que tan solo unos 30.000 tuvieron el valor de permanecer en Argelia. La inmensa mayoría de los republicanos españoles no intentaron regresar a su patria; se establecieron en Francia, en México y en Argentina.

Todos los que se ocupan del asunto resaltan la enorme diferencia del trato que Francia y España dispensaron a estos exiliados. Ya hemos apuntado el rechazo social que los *pieds-noirs* recibieron en el país del que eran nacionales, pero, entre los meses de abril y agosto de 1962 arribaron al sureste de la península ibérica, a Santa Pola, Jávea, Águilas, Cartagena y, sobre todo, a Alicante, docenas de transbordadores, cargueros, barcos de recreo, pesqueros y hasta simples veleros, de los que no solo desembarcaron los *pieds-noirs* de nacionalidad francesa sino también emigrantes españoles que todavía no la habían adquirido. Éstos regresaban a su patria, la mayoría de los otros regresaban a la patria de sus ancestros. En vista de la avalancha, el alcalde falangista de Alicante, Agatángelo Soler, llamó en junio al ministro de Asuntos Exteriores, Fernando Castiella para pedirle que España facilitara la salida de los miles de españoles que se agolpaban en el puerto de Orán. El ministro envió dos transbordadores; el general de Gaulle obligó a esperar tres días para permitir el atraque del *Virgen de África* y del *Victoria* en el muelle de Orán.

Aunque muchos pasajeros llegaron al puerto de Alicante con lo puesto y todos sabían que era casi imposible el retorno a la tierra que les había visto nacer a ellos y a sus antepasados, bajaron la pasarela dando vivas a Franco. El agradecimiento estaba más que justificado pues la política del Régimen fue darles toda clase de facilidades, hasta tal extremo que consiguieron de los bancos condiciones crediticias más favorables que las otorgadas a los españoles y obtuvieron toda clase de facilidades para abrir colegios, comercios, locales de hostelería, etc., o editar prensa en francés, como fue el caso de *Le Courier du soleil*, semanario alicantino que identificó a Franco como el «Moisés de los tiempos modernos» y que traducía al francés los editoriales de *Arriba*, diario que era el órgano del Movimiento Nacional. El fervor franquista llegó a extremos tales que los *pieds-noirs* organizaron caravanas de coches con pancartas y otras campañas para favorecer el «Oui=Sí» en el referéndum convocado para aprobar la Ley Orgánica del Estado, con la que se pretendía blanquear —en parte— un régimen dictatorial utilizando expresiones tales como «democracia orgánica» y «Constitución abierta». Por chocante que pueda parecer, los *pieds-noirs* extranjeros pidieron autorización para votar en el referéndum y el gobernador de Alicante se lo permitió (*Los «pieds-noirs» en Alicante: las migraciones inducidas por la descolonización*. Juan-David Sempere-Souvannavong. Universidad de Alicante, Servicio de Publicaciones, 1998. ISBN 84-7908-392-1).

La integración en España de los inmigrantes *argelinos* fue tan rápida que, en 1970, el cónsul de Francia en Alicante, Petiot de Laluisant, comunicó al embajador en Madrid, Robert Tamarot, que el treinta por ciento de los locales de ocio de Alicante «están en manos de nuestros compatriotas».

Muchos miembros de la OAS buscaron también refugio en España. Aunque algunos estaban reclamados por la justicia francesa, ni uno solo fue extraditado a Francia. La amnistía declarada por el Gobierno francés en 1968 facilitó su retorno. No son pocos los que se integraron en el Frente Nacional de Jean-Marie Le Pen.

En los últimos años estamos asistiendo a múltiples corrientes migratorias incontroladas que se encaminan hacia Europa, utilizando a los países mediterráneos africanos como territorios de paso y a los países mediterráneos europeos como territorios de tránsito o de destino final.

La inmigración ilegal es un problema de difícil solución, que preocupa a la Unión Europea y, sobre todo, a los países que sufren el primer impacto: Grecia, Italia y España. El fracaso del FLN argelino se ha hecho evidente con la dura represión del *Hirak*, la revuelta pacífica contra el régimen del FLN, iniciada en febrero de 2019, que expresaba el descontento del pueblo argelino con la situación política y la necesidad de introducir profundas reformas económicas y sociales. Fueron encarcelados unos 300 activistas —varios son periodistas— y se han prohibido las manifestaciones. La frustración de la población ha llegado a tal extremo que los jóvenes solo piensan en emigrar. España es el país europeo que les queda más cerca. *Pasan años pensando en su partida* (escribe María Martín en El País de 11 de agosto de 2020). *Trabajan con el único objetivo de pagarse su pasaje en una patera. Lo intentan dos, tres y hasta cuatro veces. Logran llegar a España, les expulsan y, meses o años más tarde, lo vuelven a intentar. Temen morir en el camino, pero aseguran que es mejor que permanecer en Argelia. Uno de cada cuatro migrantes que llega en patera a España es argelino; la ruta está en auge, el país africano en decadencia y las autoridades en alerta.*

El 73% de los inmigrantes ilegales que alcanzaron la Península y Baleares eran argelinos. En 2020, desembarcaron principalmente en Murcia y Almería y, en muchos casos, venían acompañados de sirios, bangladesíes y egipcios, que están llegando a las costas de Argelia para dar el salto a España desde allí.

Con una población total de 43.411.000 habitantes (en enero de 2020), nadie sabe cuántos argelinos han seguido el camino de la emigración. Algunos expertos creen que se aproxima a los 2,5 millones. Con arreglo a las estadísticas de las Naciones Unidas, Francia es el país donde reside el mayor número de argelinos, 1.575.528, seguido de Canadá, con 68.822. España ocupa el tercer lugar, con 57.140. Como es natural, en las cifras oficiales no se puede registrar la inmigración irregular que, en algunas ocasiones, multiplica a la oficial.

Tras muchos siglos de presencia española en el territorio norteafricano, en 2021 únicamente se hallan registrados como residentes en Argelia 850 españoles.

III
LA EMIGRACIÓN A FRANCIA
Flujos en ambos sentidos

rancia ha sido siempre un país de inmigración. Atraídos por su prosperidad general, la riqueza de su suelo y su irradiación intelectual, numerosos extranjeros buscaron en todo tiempo instalarse aquí.

Así comienza el Informe presentado en 1930 al Consejo del Colonato y del Arrendamiento por Monsieur Ballot, director de la *Oficina Regional de Mano de Obra Agrícola de Seine, Seine et Oise y Seine et Marne.* (Citado por el BIGE, tomo I, núm. II. 1929-1930). En lo que respecta a España, esa afirmación no es exacta ni mucho menos. En sentido contrario, puede asegurarse que la emigración desde Francia hacia España tiene una tradición milenaria. El cronista valenciano Gaspar Escolano decía en 1610, reinando Felipe III: *...nos van entrando tanta MANADA DE FRANCESES que, como ovejas, pasan del rigor de sus países al extremo del sosiego y la cristiandad de que saben goza España.*

Durante los siglos X, XI y XII, se constatan diversas entradas, desde Francia, de cruzados contra el islam español, numerosos peregrinos que se establecen definitivamente en las zonas del Camino de Santiago, y seguidores de las órdenes cluniacense y cisterciense, implantadas en la parte cristiana de la Península. Más tarde, desde mediados del siglo XV y a lo largo de los siglos XVI y XVII, la corriente migratoria de franceses se hace tan masiva que Jordi Nadal (*La población española (siglos XVI a XX). Ed. Ariel*) le atribuye haber configurado *el rasgo diferencial por excelencia que distingue, en los siglos XVI y XVII, las evoluciones demográficas de una y otra*

Corona (…) Al mismo tiempo que los estados castellanos se debilitan por el vertedero siempre abierto de Sevilla y Cádiz, los de Aragón recuperan fuerzas por la entrada ininterrumpida de pobladores ultra pirenaicos. La sentencia arbitral de Guadalupe, de 1486, señala el momento de la inmigración de jornaleros franceses en Cataluña. Nadal continúa: *A manadas —el término de Escolano es insustituible— los adolescentes abandonan los pueblos del Midi para saltar de una aldea a otra de Cataluña en busca de trabajo. Son muchachos y de cortísima edad (las chicas suelen quedarse en casa), casi siempre comprendida entre los siete y los veinte años, que llegan para faenas estacionales; hacen el viaje de ida y vuelta durante unos años consecutivos y acaban estableciéndose definitivamente. Entonces procuran casarse con una mujer indígena —no pocas veces la hija o la viuda del amo— arraigando para siempre más. A la vista de los registros matrimoniales, que constituyen una prueba inatacable del enraizamiento, no parece demasiado arriesgado afirmar que en tiempos de Felipe II, en la segunda mitad del Quinientos, la quinta parte de los hombres de Cataluña había nacido al otro lado de los Pirineos (…) La corriente se reduce muy significativamente hacia 1620-1625, en el preciso momento en que la situación social y económica de Cataluña se deteriora. (…) En adelante, tanto la opinión popular como los poderes públicos, que hasta entonces siempre se habían mostrado condescendientes con los franceses, empezaron a volverse reticentes y adversos.* El testimonio de Esteban de Corbera (*Cataluña ilustrada*, hacia 1620-1630) señala netamente el cambio de actitud: el inmigrante francés es *gente servil, de condición baja y soez, que idolatra el interés y que por él se aventura a cualquier trabajo y ejercicio, por vil y abatido que sea.*

En Aragón la implantación de los franceses fue todavía más fuerte pues ocuparon el vacío dejado por los moriscos expulsados. Esta ausencia *la suplieron en parte los franceses, los bearneses y los gascones que, a lo que entendemos, son la tercera o la cuarta parte del reino* (Memorial elevado a Felipe IV por los jurados zaragozanos en 1635. Citado por Nadal, op. Cit., pág. 78).

También en Valencia fue considerable el arraigo de franceses. Hacia 1600, antes de la expulsión de los moriscos —que representaban, aproximadamente, un 15% de la población total— se calcula que ya estaban establecidos unos 15.000 franceses.

En el reino de Castilla había colonias importantes en Madrid —dedicados al servicio doméstico—, Bilbao, Sevilla, Cádiz y Sanlúcar —dedicados al comercio— que aumentaron a lo largo de la segunda mitad del siglo XVII.

La revocación del Edicto de Nantes por Luis XIV en 1685, suprimiendo las ventajas que Enrique IV había concedido a los protestantes casi noventa años atrás, ocasionó la emigración de entre doscientos y trescientos mil franceses, no tuvo repercusión en la demografía de España pues era bien conocida la intolerancia del país con el protestantismo, pero no ocurrió otro tanto con el gran éxodo provocado por la Revolución en las postrimerías del siglo XVIII y primeros años del XIX. Se exiliaron más de 300.000 franceses, varios miles de ellos en España (Javier Rubio, *La emigración española a Francia*, Ariel; pág. 72). Sin embargo, estos emigrados comienzan a retornar tras el golpe de Estado de 9 de noviembre —*18 de Brumario*— de 1799, cuando Napoleón acabó con el Directorio e inició el Consulado. Deseando utilizar los servicios cualificados de algunos proscritos, borró de las listas muchos de sus nombres.

Tras la restauración borbónica (1814-1830), Carlos X (1824-1830) concedió una indemnización de mil millones de francos al 3%, es decir, 30 millones de renta, a los que habían tenido que exiliarse. Si se excluye a esos exiliados en España, a los soldados de las tropas napoleónicas y a los «Cien mil hijos de San Luis» que intervinieron en España en 1823, la presencia de franceses en territorio español durante el siglo XIX es tan escasa que, a mediados del siglo, puede cifrarse en unas 10.000 personas.

Quedó cerrado así un ciclo multisecular de aportación de sangre francesa a la población española que, en opinión de Jaime Vicens Vives, *ha sido mucho más importante que la de los romanos, visigodos y musulmanes* (J. Vicens Vives, *Manual de historia económica de España*. Ed. Vicens Vives). Para hacerse a una idea de la excepcionalidad de Francia en el movimiento migratorio generalizado en la Europa del siglo XIX —el mayor que ha conocido la historia— bastan los datos siguientes: desde 1870 a 1900 se calcula en más de 17 millones de personas la emigración europea. Según datos de la Enciclopedia Espasa (edición de 1930) el orden de importancia numérica de los migrantes europeos se refleja en el cuadro siguiente:

PAÍS	Nº DE EMIGRANTES	PROMEDIO ANUAL
Gran Bretaña	6.191.700	203.390
Italia	3.500.100	116.670
Alemania	2.354.600	78.486
Austria-Hungría	1.370.500	45.683
ESPAÑA	**1.295.800**	**43.193**
Portugal	597.300	19.910
Holanda	515.600	17.186
Noruega	370.600	12.353
FRANCIA	**194.900**	**6.496**
Dinamarca	181.400	6.046
Suiza	172.300	5.743

La procedencia geográfica de los emigrantes franceses tiene interés porque coincide con las zonas de primitiva implantación de los españoles: Los de Hérault, Aude y Córcega se encaminarán principalmente hacia Argelia y Túnez. Los vascofranceses del sudoeste, hacia América (USA, Argentina, Brasil y Uruguay). Los de los Bajos Alpes, hacia México.

A pesar de esta emigración económica y de las salidas ocasionadas por movimientos revolucionarios, sobre todo después de 1848, Francia será un país de inmigración desde los comienzos del siglo XIX. La causa radica en dos factores: la lentitud del crecimiento de la población y la gran celeridad del proceso de urbanización. Todavía hoy día, en el contexto de la Europa occidental, Francia es un país relativamente poco poblado, aun cuando se considere el espectacular crecimiento que se manifestó tras la Segunda Guerra Mundial (entre 400.000 y 500.000 habitantes por año, conjuntando crecimiento natural más inmigración).

El estancamiento poblacional se inició a mediados del siglo XIX y se prolongó hasta 1946. Para ilustrar el fenómeno basta con comparar

el incremento de los habitantes en Francia y en España, país este último
que destaca precisamente por el bajo índice de crecimiento demográfico:

ESPAÑA		FRANCIA Sin Alsacia-Lorena	
AÑO	POBLACIÓN (en miles)	AÑO	POBLACIÓN
1797	10.541	1801	26.930 (27.349)
1860	15.645	1861	35.800 (37.386)
1877	16.622	1876	36.905
1887	17.534	1886	38.218
1897	18.066	1896	38.517
1900	18.594	1901	38.961
1910	19.927	1911	39.604
1920	21.303	1923	37.499 (39.209)
+ 10.762		+ 10.560	

En el periodo considerado, España aumenta su población en
10.762.000 habitantes, en tanto que Francia, partiendo de una cantidad
superior al doble, no alcanza dicha cifra. En Francia, el índice de natalidad pasó del 30 por mil en 1800, al 26 por mil en 1860 y al 19 por mil en
el periodo 1906-1910. El índice de mortalidad descendió paralelamente:
28% en 1800, 24% en 1860 y 19% en 1906-1910.

Otro factor, el éxodo rural, se encuentra en relación de causa-efec-
to con la progresiva industrialización de Francia. La población rural en
1790 se situaba en torno al 78% y en 1850 había descendido al 75%; a
partir de este momento se acelera la despoblación rural, de manera que
en 1911 ya es tan sólo el 55%. En la década de 1970 era inferior al 30%.

El número de ciudades con más de 100.000 habitantes pasó de 5,
hacia 1850, a más de 40 en la década de 1980. Al mismo tiempo, pro-
gresivamente se fue acentuando el equilibrio entre las dos zonas situadas
a ambos lados de una línea ideal que atraviese Francia de noroeste a sudoeste, desde Le Havre hasta Marsella. La zona Este se halla altamente
industrializada, localmente superpoblada. La zona Oeste corresponde a

la Francia rural, que sigue experimentando el fenómeno urbanizador y conoció etapas de verdadera despoblación. Muchos trabajadores extranjeros llegaron a ocupar los espacios vacíos. No eran españoles los primeros que llegaron. Las colonias de belgas, italianos y alemanes ya estaban bien representadas desde 1851, cuando el censo francés registra por vez primera a los residentes extranjeros.

AÑO de censo	Belgas	Italianos	Alemanes (*)	Españoles	Suizos	Polacos	Portugueses	Argelinos (**)
1851	128.103	63.307	57.081	29.736	25.485	9.338		
1861	204.939	76.539	84.958	36.028	34.749			
1872	347.568	112.579	104.164	52.954	42.836	7.328		
1881	432.285	240.733	81.986	73.781	66.281		852	
1891	465.860	286.042	83.333	77.736	83.117	14.367	1.331	
1901	323.390	330.465	89.772	80.425	72.042	16.061	719	
1911	287.128	419.234	102.271	105.760	73.442	35.016	1.262	
1921	348.986	450.960	75.625	254.980	90.149	45.766	10.788	
1946	153.299	450.764	24.947	302.201	53.536	423.470	22.261	22.114
1954	106.828	507.602	53.760	288.923		269.289	20.085	211.675
1962	79.069	628.956	46.606	441.658		177.181	50.010	350.484
1968	66.740	585.880	46.400	618.200	31.660	131.280	303.160	471.020
1975	55.945	462.940	42.955	497.480	28.025	93.655	758.925	710.690

(*) Incluidos austriacos y húngaros hasta 1972.
(**) Los argelinos musulmanes se computan como extranjeros.
Fuente: J. Rubio, op. cit., págs..51 y 90. Javier Espiago, *Migraciones exteriores*, Salvat, 1985, pág.45.

Lo más probable es que, entre los españoles censados en 1851 figurase alguno de los protagonistas de las emigraciones políticas anteriores, esto es, los afrancesados en 1813; los liberales en 1814 y 1823, y los carlistas en 1840 y 1849.

Puede que no llegue a saberse nunca porque ni siquiera existe acuerdo sobre el cómputo de los que salieron de España. Gregorio Marañón (*Españoles fuera de España*, Espasa Calpe) calcula el exilio de 1813 en unos 10.000 militares y 5.000 civiles, cantidad que José Deleito y Piñuela (*La expatriación de los españoles afrancesados* (1813-1820), Nuestro Tiempo núm. 270, 1921; citado por J. Rubio, op. cit.) reduce a «unas 12.000 personas» y Vicens Vives (Historia de España y América, vol.5, pág.288) aumenta a «más de 12.000 familias». En cuanto a los liberales de 1814, según Marañón serían unos 15.000, y los de 1823, unos 20.000. Debe tenerse en cuenta la preferencia de los liberales por Gran Bretaña.

Parece probado que algunos afrancesados y carlistas se establecieron definitivamente en el departamento de Orne y adquirieron propiedades agrícolas. En 1872, la línea de ferrocarril de Alençon a Rémalard fue construida por españoles y el desarrollo de este medio de transporte en España potenciará las salidas, precisamente cuando se están intensificando las causas que les atraen hacia el sur de Francia. En 1830, el viaje de los levantinos a Argelia resultaba mucho más rápido y fácil que a Francia, pero en 1858 ya se habían terminado las obras del ferrocarril Madrid-Aranjuez-Alicante. En 1864, se habían terminado las de Madrid-Irún, y en 1878 la línea llega desde Barcelona a Port-Bou.

Por lo que toca a la distribución ocupacional, el porcentaje de emigrantes españoles en la agricultura es el más elevado de todas las colonias de extranjeros, si bien disminuirá paulatinamente. En 1901 representaba el 35,9 por ciento, frente al 13,7 de los italianos, el 11,8 de los belgas y el 5,8 de los alemanes. En 1911 había descendido al 26,9 por ciento, frente al 12,5 de los italianos, el 11,5 de los belgas y el 5,3 de los alemanes. En este último año, el índice de población activa española en la industria suponía el 49,1 por ciento, frente al 67,8 de la italiana, 68,1 la belga y el 40 la alemana. En el comercio los españoles representaban el 15,3 por ciento, por encima de los italianos (10,6) y los belgas (10,8) pero por debajo de los alemanes (20,8). En cifras totales para 1911, trabajaban en la agricultura 16.401 españoles; 29.950 en el sector industrial —construcción y obras públicas en su mayoría—; 1.968 en minas y carreteras, y 1.679 en metalurgia y trabajos mecánicos; 9.346 en el comercio (unos 4.300 son asalariados), y 5.316 en otras ocupaciones. (Datos de *Statistique Générale de la France*, recogidos por J. Rubio, op. cit.).

Por lo general, el emigrante español ocupa uno de los estratos más bajos de la escala social, presenta uno de los índices más elevados de analfabetismo y cuenta con escasas cualificaciones profesionales. Sin embargo, el Estado francés —al igual que en Argelia— pondrá a su alcance una vía de promoción: la adquisición de la nacionalidad francesa.

Ya en el artículo 9 del Código de Napoleón se recogía la posibilidad de adquirir la nacionalidad francesa por aquellos extranjeros nacidos en territorio francés que la reclamasen dentro del año siguiente al de su mayoría de edad, y declarasen la intención de residir en territorio francés. Los extranjeros no nacidos en Francia deberían cumplir unos requisitos de previa residencia autorizada, que la Ley de 3 de diciembre de 1849 establecía en diez años. La Ley de 7 de febrero de 1851 introdujo el principio del *ius soli* para la segunda generación, es decir que los hijos de un extranjero que nazcan en Francia podrán conservar la nacionalidad del padre únicamente si la reclaman en el año siguiente al de su mayoría de edad. La ley de 29 de junio de 1867 reduce a tres años el plazo de residencia para solicitar la naturalización.

Esta política de asimilación de extranjeros tuvo una profunda repercusión en la colonia española. En el periodo 1890-1913, se registraron 10.342 nacionalizaciones de niños españoles por declaración del padre y 3.538 adultos naturalizados. No hay datos fiables de la mayor parte de los nacionalizados, que lo fueron por razón de matrimonio o por nacimiento (adquisición automática).

Tampoco parece necesario explicar las múltiples ventajas que adquieren los españoles al cambiar de nacionalidad. Baste recordar algunas leyes francesas: la Ley de 28 de marzo de 1882, que declara obligatoria y gratuita la enseñanza primaria para todos los niños comprendidos entre los seis y los 13 años; la ley de divorcio de 1883; la Ley de febrero de 1902 sobre las pensiones de vejez para obreros; la Ley de jubilación para obreros y campesinos de 1909; la prioridad otorgada a la mano de obra nacional, etc. En definitiva, todas las ventajas derivadas de la integración en un país mucho más desarrollado que España en los planos social y económico y, además, carente de mano de obra.

El desencadenamiento de la I Guerra Mundial no hará más que agudizar el problema hasta el límite. Los ocho millones y medio de hombres movilizados obligarán al Estado francés a iniciar una política de intervencionismo en el reclutamiento de la mano de obra extranjera, hasta entonces en manos del sector privado. En un primer momento, y ante la reticencia de los Estados neutrales a colaborar en el traslado de trabajadores, Francia recurrió a la mano de obra de sus colonias. A partir de 1915, el Servicio de Trabajadores Coloniales, creado en el seno del Ministerio de la Guerra, logró llevar a Francia unos 132.000 norteafricanos; 48.000 indochinos; 37.000 chinos y 4.500 malgaches. Ante las dificultades y la insuficiencia del reclutamiento de obreros coloniales, el Ministerio de la Guerra, a través del Servicio Central de la Mano de Obra —que se integrará en el Ministerio de Trabajo a partir de 1917— buscará en los países europeos la mano de obra industrial. Italia tomó parte en la conflagración desde 1916; por tanto, solo quedaban tres Estados adecuados para la recluta: España, Portugal y Grecia. Entre julio de 1916 y enero de 1919, el Servicio Central de Mano de Obra francés logró reclutar 15.212 españoles, unos 25.000 portugueses y 24.000 griegos, aproximadamente.

Por su parte, el Ministerio de Agricultura francés, con su Oficina Nacional de Mano de Obra Agrícola, estableció puestos de inmigración en Hendaya, Cerbère y Sète. En estos emplazamientos, miles de españoles reclutados por agentes diseminados por toda la Península fueron vacunados y fotografiados antes de ser destinados a zonas agrícolas. Otros cruzaron la frontera clandestinamente. El *Boletín de la Asociación Española de San Rafael*, de febrero de 1918, menciona diversas agencias clandestinas que cobran al patrono 20 francos por obrero y pagan a los «ganchos» cuatro francos por «cabeza enganchada». *Dichas agencias sostienen multitud de bodegares donde se ofrece hospedería al infeliz emigrante por 3,50, 4 y 5 pesetas diarias, y con excusa de dificultades para el paso de la frontera, se les retiene más o menos días, según el dinero de que dispongan. Para pasar la frontera, las agencias están en relación ya con los carabineros, ya con lancheros en el Bidasoa, ya con mozos en la estación. En la actualidad, pasan mensualmente la frontera occidental franco-española de 6.000 a 7.000 personas. Para proporcionar un contrato de trabajo exigen las agencias de 30 a 100 pesetas.*

Se calcula en más de 250.000 los españoles que pasaron la frontera entre 1914 y finales de 1918. Unos 114.000, como mínimo —según J. Rubio, «bastantes más de 100.000»— permanecieron en Francia después de la guerra (Instituto de Reformas Sociales: *Información sobre emigración española a los países de Europa durante la guerra*. Madrid, 1919).

Es necesario tener en cuenta que la guerra ocasionó en España una auténtica revolución silenciosa. Nadal dice textualmente. *La guerra produce un aumento extraordinario de la demanda exterior, tan favorable a los propietarios de los medios de producción como perjudicial a los asalariados. La escasez de alimentos repercute en un alza formidable del coste de la vida. La situación de los jornaleros es especialmente precaria en el campo, por la mayor inelasticidad de la producción agrícola. Muchos de ellos se ven obligados a abandonarlo y trasladarse a las ciudades. Los núcleos industriales, que están en pleno auge, absorben sin demasiadas dificultades una parte de ese excedente campesino. Pero la otra parte prefiere pasar al extranjero, donde el salario real alcanza un nivel muy superior. Francia, sobre todo, se convierte ahora en la tierra de promisión del proletariado español. América, en cambio, queda relegada a segundo término. Aunque la guerra termina en 1918, muchos de sus efectos se prolongan indefinidamente. En España, la ruptura del equilibrio, más o menos estable, entre campo y ciudad ya no tendrá remedio.* (J. Nadal, op. cit., pág. 207)

Con los datos existentes sobre el origen provincial de la emigración a Francia durante la I Guerra, parecen confirmadas las estimaciones previas respecto a la importancia emisora de la zona levantina: Castellón, Murcia, Valencia y Alicante eran el origen de 65.118 obreros agrícolas de un total de 93.537 (el 70%), y de un total de 32.288 emigrantes no agrícolas, procedían de las mencionadas provincias 20.379, o sea, el 63%. La crisis del campo levantino sobrevino como consecuencia de las dificultades para exportar la producción e importar fertilizantes. Jornaleros de todas las provincias de la España agraria abandonaron su tierra para establecerse en el sur de Francia, principalmente en los departamentos que ya tenían tradición de presencia española. En la capital de Gard, Nimes, en 1919, más de la mitad de sus habitantes reconocían tener origen español.

En noviembre de 1918 se firmó el armisticio. La parte septentrional de Francia quedó devastada. El número de muertos fue muy superior al de la II Guerra Mundial. En el Ejército se registraron 1.089.700 fallecidos y 265.000 desaparecidos. En la Armada, 5.421 fallecidos y 5.214 desaparecidos. Quedan al margen los damnificados de la población civil. La tarea de reconstrucción era ingente: 741.993 casas destruidas; 1.923.000 hectáreas de tierras de cultivo arrasadas; 22.900 fábricas destrozadas; 58.967 kilómetros de carreteras deterioradas gravemente y 290 minas de carbón cegadas.

El sector económico más necesitado de brazos siguió siendo el agrario puesto que gran parte de los soldados caídos en el frente procedían de familias campesinas. Así, la emigración española siguió creciendo hasta 1931. El censo de 1921 registró 254.980 españoles; el de 1926 computó 322.950 y el de 1931, 351.864. Tan solo en los cinco años del periodo 1921 a 1926 la población extranjera experimentó un aumento de casi 900.000 personas.

El ya citado M. Ballot, director de la *Oficina Regional de Mano de Obra Agrícola de Seine, Seine et Oise y Seine et Marne* en 1930, dice que en el año 1922 los extranjeros cultivaban 333.825 hectáreas, un 0,8 por ciento de la tierra cultivada (unos 43 millones de hectáreas), 90.521 en propiedad y 243.304 en arriendo (4.889 propietarios y 7.370 colonos arrendatarios). Los jefes de explotación más numerosos eran los belgas (5.048), seguidos por los españoles (2.810), italianos (2.320), suizos (1.548) y luxemburgueses (170). Estas cinco nacionalidades constituían el 97 por ciento del total. Los españoles se repartían principalmente por Hérault, Aude, Bajos Pirineos, Gers, Gironda y Pirineos Orientales, con un promedio de 468 jefes de explotación por departamento. Los belgas en el norte; los italianos en Bocas del Ródano, Alpes Marítimos y Var; los suizos en Alta Saboya, Doubs y Ain. En 1927 los extranjeros —colonos, arrendatarios o propietarios— cultivaban 586.304 hectáreas; casi el doble que en 1922.

La emigración de españoles para la agricultura francesa sufrió algunas oscilaciones en este periodo, pero no redujeron su caudal ni el dudoso enriquecimiento de España ni la crisis económica de Francia en 1926. Todo lo contrario. La emigración de agricultores es mucho menos sensible que la del sector industrial en momentos de coyuntura económica desfavorable. De hecho, la proporción de emigrantes españoles aumentó tras la crisis francesa del 1926 y la crisis mundial de 1929, que dejó sentir sus efectos en Francia a comienzos de la década de 1930.

En un artículo publicado en 1929 en la *Revue de l'Inmigration* (*La emigración española y portuguesa hacia Francia*, París. Traducido al español en el BSGE, tomo I, núm. 2, 1929-30) R. Grimal dice que los movimientos de poblaciones obreras entre España y Francia son *inevitables en razón, por una parte, a la falta de mano de obra que sufrimos y, por otra, a la existencia de una población española y portuguesa superabundante, no en sí, sino con relación a las posibilidades normales de trabajo en esos países (...) Sabido es cuán útiles son los vendimiadores españoles que vienen todos los años en las proximidades del otoño a prestar sus brazos a los viticultores del Gard, del Hérault, del Aude y de los Pirineos Orientales. He aquí las estadísticas oficiales de las introducciones para los años 1927 y 1928, que han sido para nuestro país, el primero un periodo de crisis; el segundo un año normal:*

EMIGRANTES AGRÍCOLAS		
1927	Españoles 8.712	Portugueses 14
1928	Españoles 12.214	Portugueses 110

De ellos, para 1927, unos 8.340 vendimiadores, y para 1928, 11.030 vendimiadores, entrados sólo durante los meses de agosto, septiembre y octubre de cada año.

La emigración industrial, en cambio, es ínfima. Para los mismos años, encontramos las cifras siguientes:

EMIGRANTES INDUSTRIALES		
1927	Españoles 123	Portugueses 41
1928	Españoles 1.054	Portugueses 663

El 11 de agosto de 1926, el Gobierno francés había promulgado una ley encaminada a proteger el mercado nacional de trabajo, multando con una cantidad de 500 a 1.000 francos cada infracción cometida por los empresarios que contratasen extranjeros de manera irregular. Los trabajadores extranjeros, antes de salir de su país, debían hallarse en posesión de un contrato de trabajo debidamente visado por la Administración y un certificado sanitario expedido por un médico acreditado por el cónsul de Francia. Sin embargo, el control de fronteras no era muy estricto. Muchos españoles declaraban al pasar la frontera que no iban a Francia a trabajar. Una vez situados en territorio francés acudían al circuito de la «emigración en cadena», a la ayuda de parientes o paisanos, y solían encontrar patrono sin gran dificultad. Otra cosa es que el viaje mereciera la pena. En 1928, el criterio oficial era negativo. Al menos, eso es lo que se deduce de las *Informaciones para emigrantes* que figuran en el BIGE núm.5, tomo II, de 1928, en el que se hace un recorrido por diversas regiones con tradición emigratoria y que reproducimos a continuación:

HENDAYA. — Los jornales que nuestros emigrantes consiguen ganar en esta zona son los más ínfimos, ya que se emplean en calidad de braceros o simples peones. Su retribución media ordinaria es de 15 a 18 francos por día (...) El coste de la alimentación es actualmente seis veces superior al año 1914. El jornal, por el contrario, solo ha subido en la proporción de 1 a 3 (5 contra 15) (...) Con los jornales que les están reservados no alcanzan a cubrir sus necesidades, viéndose obligados para ello a recurrir al funesto sistema de los adelantos del patrono, que precipitan las angustias de una situación alarmantemente estrecha. El resultado es que, luego de una lucha tenaz, llena de abnegación y privaciones, se ven obligados a regresar derrotados a su país de origen, dejando sin liquidar completamente los adelantos recibidos y teniendo que recurrir a la repatriación de los Consulados.

BAYONA. — Los salarios medios que perciben los artesanos o empleados en las oficinas de comercio y en las industrias especiales de esta localidad son de 700 francos mensuales, y los simples trabajadores o braceros reciben 24 francos diarios, siendo la jornada de ocho horas. El coste medio de la habitación y comida es de 500 francos (...) En la actualidad las demandas de trabajo son muy abundantes pues, debido a multitud de causas, hay una gran paralización en todas las industrias, especialmente en la que afecta a esta región, o sea, la de la construcción. Por ese motivo muchos son los obreros que se ven obligados a reintegrarse a su país de origen, ya que la protección oficial no alcanza más que a los trabajadores de nacionalidad francesa. Los obreros que encuentran, mejor dicho, que encontraban en épocas normales fácil acomodo, son los que se dedican a las faenas del campo y aquellos que están especializados en un oficio.

BURDEOS. — Las condiciones generales del mercado de trabajo mejoraron en el tercer trimestre por el incremento dado a las obras municipales y la absorción de la mano de obra para la vendimia en la zona vinícola.

TOULOUSE. — La población asalariada de españoles en los distritos de Haute Garonne, Tarn, Tarn et Garonne, Gers y Lot puede calcularse en 30.000 compatriotas, número que varía frecuentemente porque la proximidad de España da a estos emigrantes una gran movilidad. La mayor parte son agricultores (...) pudiéndose calcular en 15.000 a 18.000 los españoles empleados en las faenas agrícolas. Vienen después los canteros, que serán unos 3.000, ocupados en las empresas públicas y privadas, y el resto se ocupa en toda clase de oficios, predominando los zapateros, industria muy desarrollada en la región; los tejedores de lana y los curtidores, (...los que trabajan en) en las fundiciones, en las fábricas de conservas, en los molinos harineros, en las fábricas productoras de energía eléctrica, en los talleres mecánicos, en las fábricas de aviones y de vagones, chocolatería, comercios de comestibles y fruterías. Para mejorar la situación de estos trabajadores sería preciso equiparar la condición de los obreros españoles a la de los franceses, dándoles derecho a retiro de vejez, pensión en caso de enfermedad, gratificaciones subsidiarias para cada hijo que nazca, hospitalizaciones por accidentes de trabajo, etcétera (...) en los accidentes de trabajo se da actualmente el caso anómalo de que si el obrero damnificado o fallecido tiene a su familia en España, ésta no cobra pensión ni gratificación alguna (...) Otro caso de reforma imperiosa es el de poder ser hospitalizados en los asilos benéficos. Hoy se niegan a recibirlos los directores...bajo el pretexto de que no existe tratado de reciprocidad con España y ello ocasiona mil incidentes en los Consulados, que no pueden, por un lado, dejar abandonados en la calle a los enfermos, ni subvenir a los gastos de hospitalización reclamados por las Prefecturas en los casos de accidentes o enfermedad de algún súbdito español (...) Los salarios varían... y si puede haber mecánicos, por ejemplo, que llegan a los 50 francos diarios, se puede dar como jornal medio el de 20 ó 25 francos por día (...) El precio de los restaurantes corrientes es de 15 francos por comida. La pensión completa en un hotel de segunda clase, de 35 a 50 francos (...); el alquiler de pisos se cotiza a mil francos por cada pieza o habitación al trimestre (...) En la única rama de producción en que tienen más medios y facilidades de colocarse los obreros extranjeros es en la agricultura, que es de la que más desertan los obreros franceses.

PERPIGNAN. — Los salarios que actualmente perciben los empleados del comercio son de 650 a 800 francos al mes; 20 francos y dos litros de vino por día los obreros agrícolas; 20 francos de jornal los peones y de 25 a 32 francos diarios los obreros industriales. El coste medio de la habitación y comida en fondas o posadas de obreros es a partir de 12 francos diarios, y el alquiler de una habitación para obrero cuesta de 60 a 100 francos por mes (...) Los trabajadores que actualmente encuentran empleo con más facilidad en esta región son los obreros agrícolas y los peones de albañil. El producto de los jornales permite solo sufragar los gastos más indispensables.

MARSELLA. — Las fábricas de aceite y de jabón, las refinerías de azúcar y, en general, todas las industrias químicas han reducido el número de operarios y en muchas de ellas ha sido disminuido el horario de trabajo. Por estas razones, la demanda de mano de obra es casi nula. Los jornales corrientes son de 18 francos para los jornaleros y de 34 y 36 para obreros de categoría media: la duración del trabajo es, en teoría, de ocho horas, pero en algunas industrias se trabajan nueve (…). Los artesanos especializados en la industria, ya sea mecánica (fábricas de alambre, de materias tintóreas, de artillería, de automóviles), ya sea de la construcción (albañiles carpinteros, pintores) gozan de un salario horario que, traducido en ingresos mensuales, puede expresarse entre 800 y 1.000 francos al mes (…). Los trabajadores, obreros y peones de fábricas y de muelles, que no posen aptitudes especiales y que constituyen la inmensa mayoría de los trabajadores españoles residentes en esta parte de Francia, gozan de un salario…que puede oscilar entre 500 y 800 francos (…) Esto debe considerarse como término medio, debiendo admitirse algunas épocas de paro forzoso y otras, en cambio, de mayor actividad, que significa horas de trabajo suplementarias (…) Los únicos obreros que pueden fácilmente encontrar trabajo en toda época son los obreros especializados o artesanos.

Hemos transcrito *in extenso* el informe por varias razones. En primer lugar, por el valor de los datos relativos a salarios, coste de vida y espectro ocupacional. En segundo lugar, porque aquí queda patente la falta de preparación profesional del emigrante y las ventajas que para él supondría la adquisición de la nacionalidad francesa. Y, por último, el documento prueba sobradamente la preocupación oficial por el problema migratorio. La Inspección General de Emigración no se limitó a traducir información francesa. También llevó a cabo iniciativas como la creación de patronatos en las zonas donde eran más numerosas las colonias de españoles. Dos inspectores visitaron las ciudades de Perpiñán, Carcasona, Narbona, Bézier, Cette, Montpellier, Nimes, Marsella, Lyon, Saint-Etienne, Burdeos, Bayona, Pau, Oloron y Toulouse, ofreciendo a los trabajadores españoles *la colaboración de la Inspección General de Emigración y prometiéndoles amparar las sociedades que se constituyen* … (BIGE, tomo I, núm. 2, 1929-1930)

Traducidas o no, las informaciones de los Boletines de la Inspección de Emigración siguen siendo una valiosa fuente para los investigadores. En el correspondiente a 1930-1931 (tomo II, núm. 1) se recoge la cifra de los españoles regularizados en 1929: 9.442 sobre un total de 43.928 extranjeros regularizados. Los trabajadores españoles introducidos en Francia oficialmente fueron 18.974 (sobre un total de 179.321; de ellos, 16.171 destinados a la agricultura y solamente 2.803 destinados a la industria. Por consiguiente, por vía de regularización obtuvo la «tarjeta de identidad obligatoria» un número de españoles equivalente a la mitad de los que entraron en Francia regularmente.

En lo que respecta a la adquisición de la nacionalidad francesa, la Ley de 10 de agosto de 1927 introdujo modificaciones que facilitaron la naturalización del cabeza de familia (se reduce de 10 a 3 años el periodo de residencia necesario) y deja de ser renunciable el derecho a la nacionalidad francesa adquirida automáticamente por los hijos menores del naturalizado. Solamente entre 1927 y 1929 se naturalizaron 12.513 españoles; entre 1930 y 1939, 36.004. los hijos menores de inmigrantes españoles nacionalizados por declaración de los padres son 6.688 en el periodo 1927-29 (el total para este periodo es de 15.018). Entre 1920 y 1931, contrajeron matrimonio con mujeres francesas 16.346 varones españoles y 8.140 mujeres españolas se casaron con franceses (sobre un total de 24.486).

Ya hemos señalado que el censo de 1931 registra en Francia 351.864 españoles de ambos sexos. Cinco años más tarde, en el censo de 1936, la cifra descendió en cien mil personas: 253.599. La crisis mundial explica en gran parte este descenso. A partir de 1930, el Gobierno francés forzó numerosas repatriaciones de extranjeros. Los retornos de españoles aumentaron notablemente a pesar del ambiente favorable creado por el Tratado de Trabajo y Asistencia Social entre la República Española y la República Francesa, firmado el 2 de noviembre de 1932, y el convenio sobre Seguridad Social. Es posible que también hayan tenido cierta incidencia las expectativas alumbradas por el cambio de régimen en España, que la guerra civil terminará apagando. Como consecuencia del conflicto civil, entre 1936 y 1939 cruzaron la frontera casi medio millón de españoles. A finales de 1939 ya habían retornado unos 300.000, de manera que el volumen de emigración permanente provocada por la guerra se calcula en unas 190.000 personas, distribuidas —según Javier Rubio, op. cit., págs.190-275— de la manera siguiente: en Francia, 140.000; en Argelia, Túnez y Marruecos, 25.000; en América, 15.000 y en Europa, 10.000.

Como consecuencia de la guerra civil española, a primeros de marzo de 1939 habían entrado en Francia 440.000 personas desde España, distribuidas como sigue: soldados y milicianos, 220.000; mujeres, niños y ancianos, 170.000; hombres sanos civiles, 40.000, y 10.000 heridos.

Con el final del conflicto se produce un retorno escalonado, de manera que —según declaraciones del ministro francés del Interior— el 14 de diciembre de 1939 solamente quedaban en Francia 140.000 refugiados españoles. De ellos, 122.700 a cargo del Estado (71.300 milicianos y 51.400 civiles).

Se ha dicho que los retornos fueron voluntarios y sin presiones por parte de las autoridades francesas, pero muchos protagonistas de ese exilio mantienen la opinión contraria:

Lo temido llegó: el señor director, con su mirada baja, indirecta, sin franqueza, nos dijo y tradujo el intérprete:

— Dentro de una semana nos evacuarán de aquí.

Y nos alborotamos: —¿A dónde?

El intérprete se encogió de hombros y lanzó: —Al Midi.

—¡Mentira!, gritamos todos en un coro feroz (…) No hay modo de describir lo que sentíamos…, era como si se abriera la tierra y ni siquiera la tierra abierta nos admitiera (…)

«El Orejotas» ya nos había explicado que no íbamos a España sino al Midi tranquilo y asoleado. Pero —había añadido el cobarde hipócrita— se harían dos partidas de refugiados españoles y en unos vagones viajaríamos los que habíamos elegido Hendaya, en caso de un feliz resultado español, y en otros, los que deseaban pasar por Cervera (…) Pero, repentinamente, el director se dio cuenta de que no estaban con nosotros los hombres, los pocos hombres que vivían en el Splendid, y preguntó por ellos.

—¿Y los hombres? — Tradujo «El Orejotas».

Silencio.

Hizo un gesto de mando, dio una orden y una pareja de gendarmes subió en busca de ellos.

Poco después, a la fuerza, hicieron bajar al peluquero, al padre del muchacho de Bélgica y al intérprete. Pero no llegaron más que hasta el primer rellano. Allí se detuvieron y no sirvieron de nada los empellones de los gendarmes gigantescos. Los tres españoles se agarraron fuertemente a los barrotes de la baranda y de allí nadie pudo arrancarlos.

Del fondo de sus entrañas lanzaron un doloroso grito los tres a un tiempo: «¡A España no! …» (Cristina Martín: *Éxodo de los republicanos españoles*. México, 1972. Relata hechos sucedidos en noviembre de 1939).

El problema más agudo que tuvo que afrontar el Gobierno francés fue el del contingente militar. A medida que cruzaban la frontera, los combatientes eran desarmados y conducidos a los campos de concentración que se habían habilitado precipitadamente en el departamento de Pirineos Orientales; tres de ellos estaban en la misma costa: Argelès, Saint-Cyprien y Le Barcarés, y otros dos al Oeste, junto a la frontera española: Prats-de-Mollo y Arlés-sur-Tech. Posteriormente se habilitaron más en otros departamentos: en Hérault (Agde), Bajos Pirineos (Gurs), Tarne et Garonne (Sent Fonds), Ariège (Vernet), Ande (Bram y Montolieu, donde se albergó a intelectuales y funcionarios). Algunos de estos campos se cerraron pronto, pero otros estuvieron abiertos durante más de cuatro años. En marzo de 1941 continuaban alojados en Argelès unos ocho mil españoles.

Durante el tiempo en que los campos permanecieron activos fueron frecuentes los traslados de refugiados de un campo a otro; los oficiales de la aviación republicana, por ejemplo, fueron llevados desde Argelès a Pau, donde se les ofreció la posibilidad de adquirir la nacionalidad francesa para ingresar en el Ejército del Aire francés con un grado inferior del rango que tuvieron en España (Cristina Martín, Op.cit.).

Los campos de refugiados se prolongaron también por el norte de África. En los ya mencionados campos de Argelia fueron internados —entre otros muchos— los últimos españoles salidos de Cartagena en el *Campilo*, un petrolero que hizo la travesía sin brújula. Muchos de éstos fueron transferidos a los campos de Bou Arfa y Colom Béchar para trabajar en el faraónico proyecto de ferrocarril transahariano.

Estos dos lugares africanos junto con Argelès componen una triste trilogía de la desdicha republicana, si bien es cierto que la mayoría de los campos de concentración de refugiados se despoblaron pronto por diversas causas. La primera, como consecuencia de las repatriaciones masivas. En segundo lugar, por la emigración a otros países; en 1939 embarcaron hacia México 7.397 españoles (3.884, hombres; 2.352, mujeres y 1.161 niños). Hasta 1948, habían llegado a México 21.750 españoles. Otros 9.000 refugiados fueron trasladados a diversas naciones hispanoamericanas por la Organización Internacional para los Refugiados (OIR) —creada por las Naciones Unidas en agosto de 1946 para ocuparse de la enorme cantidad de refugiados resultantes de la II Guerra Mundial; los mayores contingentes arribaron a Argentina (2.951) y a Venezuela (2.623).

La respuesta de las naciones hispanas a las gestiones llevadas a cabo por el Gobierno francés —ya desde el principio de la guerra civil— solamente fue positiva por parte de México, Chile y Uruguay. El Gobierno mexicano daría prioridad a vascos y gallegos, jóvenes, solteros, agricultores o intelectuales. Chile acogió a unos 2.000 en 1939 y 776 más, entre 1947 y 1951. La URSS acogió a 3.951 refugiados (a parte de los 1.760 niños y 102 maestros que llegaron primero). El total de la emigración a terceros Estados se estima en unos 25.000; otros 15.000 se enrolaron en la Legión Extranjera de Francia.

La causa definitiva para el cierre de los campos vino determinada por la evolución de la II Guerra Mundial. Francia había declarado la guerra al III Reich el 3 de septiembre de 1939, pero, anteriormente, por Decreto de 12 de abril, había impuesto a los refugiados de edad comprendida entre los veinte y los cuarenta y ocho años un régimen de prestaciones laborales —trabajo obligatorio— bajo la autoridad militar francesa y por un periodo equivalente al del servicio militar francés. Francia fue invadida por las tropas alemanas en mayo de 1940. El gobierno de Vichy adoptó una política de cooperación con los invasores, aunque no pudo impedir la ocupación total tras el desembarco de los aliados en el norte de África, en noviembre de 1942. Unos 6.000 españoles encontraron la muerte en Alemania, 5.000 de ellos, en campos de concentración.

Al igual que había sucedido tras la I Guerra Mundial, en la etapa final de la II Guerra ya se vislumbraban claramente los problemas poblacionales que Francia debería afrontar. En aquellos momentos España continuaba su periodo de la política autárquica auspiciada por el nuevo Régimen y, a corto plazo, no era previsible una salida masiva de mano de obra. La consideración de los españoles malamente *acogidos* en Francia cambió radicalmente; por Decreto de 15 de marzo de 1945 se les concede el Estatuto de Refugiados, que conllevaba muchas ventajas de todo tipo, con inclusión de las laborales, educativas y de seguridad social. Además, en octubre del mismo año entró en vigor el nuevo código de la nacionalidad francesa. Entre las principales modificaciones que lo diferencian de la ya mencionada Ley de 1927 figura el acortamiento a seis meses del plazo para repudiar la nacionalidad materna por parte del hijo, nacido en Francia, de madre extranjera. Ahora, los seis meses han de ser los anteriores al alcance de la mayoría de edad, y no en los seis meses posteriores a la mayoría de edad tal como prescribía la Ley de 1927. En el supuesto de primera generación en Francia, también se reduce a la mitad el plazo para rechazar la nacionalidad francesa, pero ahora se exigirá la condición de ser residente habitual en Francia desde los dieciséis años. En los casos de adquisición de la nacionalidad por declaración del padre, el periodo de residencia habitual se extiende a los cinco años anteriores a la solicitud. Sin embargo, ahora el hijo de dieciocho años no necesita el consentimiento paterno para reclamar la nacionalidad francesa.

En los supuestos de matrimonio, la mujer francesa no perderá su nacionalidad por la simple declaración de que desea adquirir la del marido extranjero; ha de hacer una renuncia formal y explícita. La extrajera que contraiga matrimonio con un francés adquiere automáticamente la nacionalidad de éste, a menos que firme una renuncia explícita.

En lo tocante a la naturalización, el nuevo código de la nacionalidad exigía unos plazos de residencia más prolongados que los prescritos por la Ley de 1927: en el caso general, cinco años (en vez de tres) y en caso de matrimonio, dos años (antes, uno).

Entre 1946 y 1970 adquirieron la nacionalidad francesa por naturalización 135.858 españoles, sobre un total de 704.689 extranjeros naturalizados (20%). En ese mismo periodo, adquirieron la nacionalidad francesa por declaración 62.975 españoles, sobre un total de 260.483 extranjeros (24%).

En el periodo considerado, el aumento progresivo del número de franceses con origen español se refleja como sigue:

AÑOS	ESPAÑOLES NACIONALIZADOS
1946	57.939
1954	90.320
1962	181.897
1968	229.280

Desde febrero de 1946 hasta febrero de 1948 la frontera española permaneció cerrada, por eso Francia recurrió a la mano de obra italiana, pero ni el cierre de la frontera ni las tirantes relaciones hispano-francesas de la posguerra impidieron el paso de clandestinos españoles —unos treinta mil— entre 1946-49. La mayoría se acogieron al estatuto de refugiado (en 1971 todavía quedaban más de 40.000 refugiados españoles en

Francia). Entre 1951-55 se produjo en Francia una crisis que redujo esas entradas a un promedio anual aproximado de 2.400 personas. Las relaciones entre los dos Estados se habían ido normalizando desde comienzos de la década de 1950. Hacia 1955 la economía francesa experimentó una considerable reactivación, a tiempo que en España quedaba patente la imposibilidad de seguir manteniendo el ideal autárquico. De otro lado, la guerra de Argelia comienza a incidir en la mano de obra francesa. Este es el contexto en el que se concertó, el 17 de marzo de 1956, el acuerdo administrativo del procedimiento para aplicar a los trabajadores temporeros españoles el Tratado de Trabajo y Asistencia Social, de 2 de noviembre de 1932, aprobado en España por la Ley de 28 de marzo de 1933 y que estuvo vigente hasta 1959, año en que se ratificó el Convenio General y Acuerdo Complementario sobre Seguridad Social, firmado en París el 27 de junio de 1957. Éste será el punto de arranque de una prolija historia de convenios hispano-franceses que intentaron controlar y canalizar la emigración española. El éxito alcanzado fue tan sólo parcial. Durante un largo periodo, el número de trabajadores españoles que emigraron a Francia sin asistencia institucional duplicó la cifra de la emigración asistida. Por ejemplo, en el trienio 1967-1969, pasaron la frontera 101.617 españoles; de ellos, 65.800 eran trabajadores, de los cuales fueron regularizados 41.668. Únicamente 24.132 habían utilizado los cauces regulares. Según datos del Organismo Nacional de Inmigración francés (ONI), entre 1956 y 1971 entraron en Francia 711.410 personas. En el censo de 1968, los españoles formaban la colonia extranjera más numerosa, con un total de 618.200. Sin embargo, a partir de 1968, los portugueses tomaron el relevo con cifras de emigración a Francia sin precedentes: 110.614 en 1969; 135.667 en 1970, y 110.820 en 1971. Para esos mismos años, las cifras correspondientes a españoles son 34.655, 26.382 y 22.547.

Antes de la crisis de 1974 la emigración española, siguiendo los pasos de la italiana, había derivado hacia Alemania, Suiza y otros Estados europeos. No obstante, a partir de 1971 se inicia un descenso muy acusado de la población española en Europa, tal como se refleja en la tabla siguiente (*Memoria Anual*,1986. Dirección General del IEE):

PAISES	1970	1975	1980	1985
Francia	601.095	531.384	451.594	369.852
Alemania	245.400	247.447	179.952	150.980
Bélgica	52.230	67.563	58.255*	57.500**
Reino Unido	39.014	51.329	40.041*	40.041*
Países Bajos	39.000	29.492		19.033
Total CEE	998.360	947.101	716.841	648.501
Suiza	102.341	112.996	97.232	110.357
Total Europa	1.123.437	1.082.697	837.839	783.500

*** (1981) ** (1982)**

La política restrictiva de la entrada de trabajadores extranjeros en Francia se inaugura en 1974 con una legislación tendente a suspender la emigración con carácter provisional (la llamada *«circular Fontanet»*, de 1972, había supuesto un serio endurecimiento del acceso a la regularización). En 1977, M. Lionel Stoleru, Secretario de Estado para los Trabajadores Manuales, explicaba que, para 1990, la mano de obra inmigrada debería situarse en los niveles de 1960, reduciendo a dos los cuatro millones de extranjeros que vivían en Francia.

El saldo negativo de la emigración española a Francia en las décadas de 1970 y 1980, solamente presenta una ligera variación positiva, para la emigración de temporada, en 1972, 78 y 79. La cifra de 112.576 temporeros, computada en 1972, va descendiendo hasta los 60.421 en 1986. En la campaña del arroz de 1982 ya no se registra ningún temporero y, a partir de 1984, tampoco en la campaña de la remolacha. A pesar de las notables mejoras introducidas en la organización de la campaña de la vendimia, esta emigración temporal viene disminuyendo desde 1972, año en que se registró la cota más elevada con 85.119 vendimiadores sobre un total de 112.576 temporeros; en 1986 se contabilizaron 44.935 vendimiadores españoles, que representaban el 75 por ciento de toda la emigración de temporada (60.421 temporeros).

En 1986, la distribución regional de los españoles residentes en Francia ponía de relieve la importancia adquirida por la región de París, con el 28,2 por ciento (101.689) de los españoles, seguida de la región de Lyon, con el 10,4 por ciento (37.440); Perpiñán, con el 9,3 por ciento (33.534);

Marsella, 8,2 por ciento (29.467); Nimes, 6,2 por ciento (22.322); Pau, 5,8 por ciento (21.004); Burdeos, 5,3 por ciento (19.036); Toulouse, 3,8 por ciento (17.734), y Grenoble, Estrasburgo, Lille y Orleans que cuentan con una población española de 10.000 personas, aproximadamente.

En junio de 1985, con la firma del Tratado de Adhesión de España a las Comunidades Europeas —y haciendo abstracción del periodo transitorio para la plena aplicación del Tratado— finalizaron ciento treinta años de emigración continua de españoles a Francia. La reglamentación comunitaria —en particular, el Reglamento 1612/68 del Consejo— equipara con el trabajador nacional a los trabajadores de los Estados miembros en lo que respecta al acceso al empleo y demás condiciones laborales; se les reconoce el derecho a permanecer en el Estado donde haya ejercido un empleo. Los sistemas de Seguridad Social de los Miembros se han ido homogeneizando y la libre circulación de las personas se ha erigido como uno de los principios rectores de la Comunidad Económica Europea (CEE), primero, y de la Unión Europea (UE) posteriormente, de manera que la emigración llamada *tradicional* a los países de la UE debe considerase ahora *migración interior*.

Actualmente (2021) residen en España 121.908 nacionales franceses y en Francia 303.245 españoles. Muchos de éstos presentan un perfil muy alejado del trabajador tradicional: son jóvenes, con elevada cualificación intelectual o formación profesional sólida a los que resulta inaplicable el criterio expresado por el geógrafo francés Albert Demangeon en una encuesta realizada en 1938 (citada por Natacha Lillo en *Un siglo de inmigración española en Francia*, Ed. Grupo de Comunicación de Galicia en el mundo, S.L., Col. Crónicas de la emigración):

No hay ninguna dificultad para el alojamiento y la comida, los trabajadores españoles aceptan alojarse en cualquier sitio y se alimentan con poca cosa. (...) Es frecuente encontrar seis, ocho e incluso diez personas de una misma familia, o a veces sin parentesco alguno, que cohabitan en tres, o sólo en dos cuartos, que son generalmente verdaderos cuchitriles. Esa falta de apego por las comodidades, incluso las más elementales, ese desprecio de las más mínimas reglas de higiene explica por qué los amos no hacen nada por cambiar ese estado de cosas.

Sin embargo, el estado de cosas sí que ha cambiado. ¡Y mucho!

IV
LA EMIGRACIÓN TRANSOCEÁNICA: ARGENTINA, BRASIL Y CUBA
El viaje

La emigración a Francia ha merecido el calificativo de «tradicional» por su duración secular y, sin embargo, no supone más que una fracción de los casi quinientos años del proceso continuo y organizado de trasvase de población española a América. Cinco siglos otorgan a nuestra emigración americana el dudoso privilegio de ser la más antigua en la era moderna y una de las más prolongadas de todos los tiempos. Obviamente, aquí estamos utilizando el término «emigración» en el sentido más amplio; conviene recordar que la definición legal del emigrante español se determina por vez primera en la Ley de Emigración, de 21 de diciembre de 1907, atendiendo a dos condicionamientos: la clase del pasaje y el continente de destino. El artículo 2º de la Ley está redactado así: «*Serán considerados emigrantes, a los efectos de esta Ley, los españoles que se propongan abandonar el territorio patrio con pasaje retribuido o gratuito de tercera clase, o de otra que el Consejo Superior de Emigración declare equivalente, y con destino a cualquier punto de América, Asia u Oceanía*». Así pues, quedaban excluidos del ámbito de aplicación de la Ley de Emigración los españoles que se dirigían a Argelia, Francia y demás países europeos y africanos.

En el artículo 2º del texto refundido de la Ley de Emigración, de 20 de diciembre de 1924, se considera emigrantes a «*los españoles o sus familias que, por causas de trabajo, abandonen el territorio nacional para establecerse fuera de él definitiva o temporalmente. Los españoles o sus familias que se dirijan a Ultramar se reputarán siempre de emigrantes si viajan con pasaje de tercera u otra clase a ésta equiparada*».

A medida que aumentaron las salidas de emigrantes por ferrocarril, autobús o avión, se fue desdibujando la idea del emigrante asociado siempre a los barcos y a Ultramar. La Orden de 6 de noviembre de 1957 aclara el concepto jurídico del emigrante que se determina en la Ley de 1924 y que «*no se verá afectado por el vehículo en que la emigración se realice ni por el país extranjero en que aquél se establezca*».

En el artículo 1º de la Ley de Ordenación de la Emigración, de 3 de mayo de 1962, queda muy claro que «*no influye en la condición de emigrante ni el medio de transporte utilizado ni el país al que se dirija o en el que se establezca el interesado*». En la Ley 33/1971, de 21 de julio, eran emigrantes «*los españoles que se trasladen a un país extranjero por causas de trabajo, profesión o actividad lucrativa, siempre que en su ejecución o ejercicio hayan de observarse, totalmente o a determinados efectos, disposiciones laborales o de Seguridad Social que rijan en dicho país o en España*» (artículo 1º, 2. a).

El embrión de la abundante legislación española sobre emigración en el siglo XX se encuentra en la **REAL ORDEN CIRCULAR DEL MINISTRO DE LA GOBERNACIÓN, DE 16 DE SEPTIEMBRE DE 1853, REGULARIZANDO LA EMIGRACIÓN PARA LAS COLONIAS ESPAÑOLAS Y PARA LOS ESTADOS DE AMÉRICA**. Por su indudable valor histórico, consideramos interesante transcribir íntegramente el texto a continuación:

He dado cuenta a la Reina de un expediente instruido en este Ministerio a consecuencia de las gestiones promovidas por varias autoridades y particulares con objeto de que cese la prohibición que, en virtud de reales órdenes vigentes, está pesando sobre los habitantes de las islas Canarias para emigrar a las repúblicas de la América del Sur. En su vista, y considerando que al dictar el Gobierno dicha prohibición tuvo presente el mal trato que recibían los emigrados españoles y los riesgos, molestias y vejaciones a que se veían expuestos a causa de las guerras intestinas que asolaban a aquellos países.

Considerando que desde la época en que se dictaron las mencionadas disposiciones han variado las circunstancias, cesando en algunas de dichas repúblicas el estado de agitación en que se encontraban, y habiéndose establecido en muchas de ellas agentes diplomáticos y representantes del Gobierno español, que en todo caso protegerían los intereses, los derechos y las personas de los súbditos de S.M. católica.

Considerando, por lo mismo, que no sería ya justo ni equitativo mantener subsistente una prohibición absoluta que impide a los naturales de Canarias buscar con seguridad en otros países el sustento que no encuentran en su patria y dar conveniente salida al exceso de población de dichas islas, exceso que, lejos de ser un elemento de prosperidad, sirve de rémora a sus adelantos;

Considerando que, si bien los intereses generales y particulares de las islas Canarias reclaman como de necesidad urgente que cese la prohibición, aconsejan al propio tiempo que esta medida se adopte con la prudencia y circunspección indispensables, a fin de evitar los graves inconvenientes de una emigración repentina, simultánea y demasiado numerosa:

Considerando, por último, que uno de los más sagrados deberes del Gobierno es impedir los abusos a que suele dar lugar la codicia de los especuladores que, llevados de sórdido interés, conducen, a veces, a los que emigran hacinados en estrecho espacio y sin las condiciones sanitarias que el decoro, la moral y hasta la humanidad misma reclaman.

S.M., después de oído el dictamen del Consejo Real, se ha servido mandar que cese la prohibición de emigrar a América que pesa hoy sobre los habitantes de las islas Canarias, y que para los embarques que se verifiquen, por consecuencia de esa soberana disposición, se observen las reglas y prevenciones siguientes:

Primera. —Que la emigración se permita únicamente para las colonias españolas y para los Estados de América del Sur y de Méjico, donde existan representantes o delegados del Gobierno de S.M.C. que puedan prestar a los emigrados la protección necesaria.

Segunda. —Que para expedir pasaporte a los que pretendan emigrar deben éstos acreditar previamente ante la autoridad civil: 1º, que emprenden el viaje libre y espontáneamente; 2º, que tienen el permiso de sus padres, tutores o maridos, los que lo necesiten por razón de su edad, estado o sexo; 3º, que no se hallan encausados criminalmente ni tienen impedimento legal para ausentarse; 4º, si son varones de dieciocho a veintitrés años cumplidos y quieren pasar a países extranjeros, que han consignado en depósito como garantía de su responsabilidad personal para el servicio de las armas —6.000

reales de vellón— u otorgado escritura de fianza suficiente, con arreglo a lo dispuesto en el artículo 117 del proyecto de ley de reemplazo vigente.

Tercera. —Que a los que después de acreditar los requisitos anteriores juzgue y declare el subgobernador del distrito notoriamente «pobres», mediante información o expediente gubernativo que se instruirá al efecto, se les expidan los pasaportes y licencias gratis.

Cuarta. —Que no pueda contratarse el embarque ni partir ninguna expedición de emigrados sin que preceda Real autorización especial para cada caso, expedida por este Ministerio, en la que se exprese el número de individuos de que ha de constar aquella, con el objeto de que la emigración no se haga repentina o simultáneamente, sino según las necesidades, población y circunstancias de cada localidad.

Quinta. —Que para los efectos y resolución indicados en el artículo anterior den curso los subgobernadores a las solicitudes de autorización que se les presenten, informando, al remitirlas a este Ministerio, acerca de la conveniencia de acceder a ellas en todo o en parte.

Sexta. —Que, concedida dicha autorización, no sea válido ningún contrato para transportar españoles a los Estados hispanoamericanos que no se sometan a la aprobación del subgobernador del distrito.

Séptima. —Que no se permita en ningún buque el embarque de mayor número de pasajeros que los que pueda transportar en proporción a su capacidad y toneladas después de la carga y víveres, según lo que disponen sobre el particular las ordenanzas e instrucciones de Marina.

Octava. —Que en los contratos con los pasajeros se exprese la cantidad y calidad de los alimentos y del agua que los emigrados hayan de recibir a bordo durante el viaje, y que antes de la salida de los buques se cerciore la autoridad de que llevan los acopios de agua y provisiones suficientes para cumplir esta condición.

Novena. —Que en las expediciones de alguna consideración se procure que vayan un médico cirujano, un capellán y el correspondiente botiquín para los pasajeros que enfermen en el tránsito, no debiendo dispensarse de este último requisito a ningún buque, sean cualesquiera su porte y el número de emigrados que lleve a bordo.

Décima. —Que se estipulen y consignen en los contratos con los pasajeros, así el precio del transporte, que deberá ser proporcionado a las estancias, como el plazo dentro del cual hayan de satisfacerle los emigrados, no pudiendo ser éste menor de dos años, y quedando, sin embargo, a su arbitrio el acortarlo.

Undécima. —Que se expresen igualmente en las escrituras de contratos las garantías que dieren los emigrados para el pago del pasaje.

Duodécima. —Que llegados los pasajeros a su destino queden en completa libertad para dedicarse a la ocupación o trabajo que más les convenga, sometiéndose a las Leyes y Reglamentos vigentes en al país adonde se dirijan respecto a los colonos extranjeros.

Decimotercera. —Que los contratos se extiendan por triplicado, quedando un ejemplar en poder del contratista, otro en el del colono y el tercero en el del subgobierno respectivo.

Decimocuarta. —Que, como garantía del cumplimiento exacto de dichos contratos, se obligue a los dueños o armadores de las embarcaciones expedicionarias a dejar anticipadamente un depósito de 320 reales en metálico por cada uno de los pasajeros que contraten, o una fianza en fincas por lo menos del doble valor. Estas fianzas responderán no sólo en los excesos y abusos que puedan cometer los dueños y capitanes de los buques o conductores, sino también de que los emigrados son conducidos al punto de su destino y no a otros, y, por último, es la voluntad de S.M. que estas disposiciones se observen también en todos los puertos del litoral de la Península en que se verifiquen expediciones de españoles con iguales circunstancias que las expresadas en este Real Orden, correspondiendo en tal caso al gobernador de la respectiva provincia la inspección que en ella se comete a los subgobernadores de distrito de las islas Canarias.

De Real Orden lo digo a V.S. para los efectos correspondientes.

Durante la primera mitad del siglo XIX la emigración transoceánica no pudo ser muy numerosa. Hasta la Orden de 1853 que hemos transcrito *supra*, la legislación española fue sumamente restrictiva al igual que la convulsa situación de los Estados hispanoamericanos, inmersos en un periodo de guerras coloniales y civiles, acompañadas de una grave crisis económica. Más adelante, ya en la segunda mitad de siglo y, sobre todo, desde la década de 1880, los países con capacidad exportadora y escasa mano de obra (Brasil, Uruguay y Argentina, sobre todo) atraerán a la marejada de emigrantes españoles por todos los medios a su alcance.

EMIGRACIÓN
A LA ARGENTINA

Argentina fue la nación que mejor supo utilizar la propaganda y la que recibirá mayor número de españoles. Figura a continuación un cuadro que cuantifica el número de emigrantes españoles a la Argentina y al

Brasil (Fuente: Naciones Unidas: *Factores determinantes y consecuencias de las tendencias demográficas*):

1821-1950 EMIGRACIÓN ESPAÑOLA A LA ARGENTINA Y EL BRASIL		
Periodo	**Emigrantes**	
	Rep. Argentina	**Brazil**
1821-1830		7.000
1831-1840		3.000
1841-1850		7.000
1851-1860		122.000
1861-1870	160.000	98.000
1871-1880	261.000	219.000
1881-1890	841.000	531.000
1891-1900	648.000	1.129.000
1901-1910	1.764.000	671.000
1911-1920	1.205.000	798.000
1921-1930	2.397.000	840.000
1931-1940	310.000	289.000
1941-1950	175.000	18.000
SUBTOTAL	**7.761.000**	**4.732.000**
TOTAL		**12.493.000**

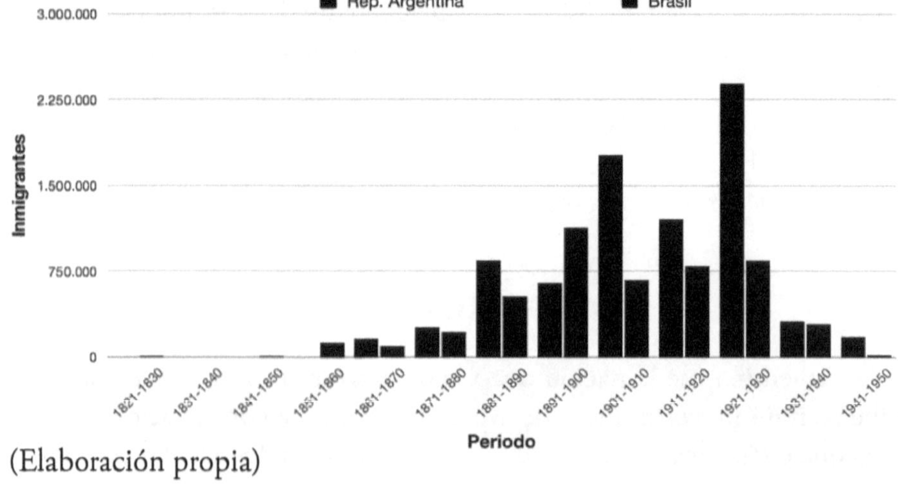

(Elaboración propia)

A partir de la segunda mitad del siglo XIX, la República Argentina recibió también un gran número de emigrantes europeos, principalmente italianos, que han llevado a algunos a establecer comparaciones inadecuadas con los Estados Unidos, país al que corresponde —con mucho— la cuota más elevada del caudal migratorio iniciado en el siglo XIX y que aún continúa fluyendo hacia él. Así se desprende del cuadro siguiente, cuya fuente es *Historical Statistics of the United States*:

EMIGRACIÓN A LOS EE.UU. DESDE 1820 HASTA 1970					
Décadas	**Europa**	**Asia**	**África**	**América**	**Oceanía**
1820-1829	99.200	15	15	9.600	
1830-1839	422.700	47	50	31.900	
1840-1849	1.369.300	76	61	50.500	
1850-1859	2.619.700	35.900	84	84.100	
1860-1869	1.877.800	54.200	407	130.200	
1870-1879	2.252.100	133.800	371	345.000	9.600
1880-1889	4.640.000	69.700	763	524.800	12.500
1890-1899	3.579.900	57.700	432	37.300	4.700
1900-1909	7.634.400	237.900	6.300	277.800	11.300
1910-1919	5.056.500	198.500	8.800	1.070.500	12.300
1920-1929	2.576.700	110.300	6.300	1.591.200	9.800
1930-1939	445.200	17.000	2.100	230.300	3.200
1940-1949	473.000	29.000	6.700	328.400	14.100
1950-1959	1.485.100	131.100	13.000	624.500	15.300
1960-1969	1.303.700	449.700	39.400	1.768.300	19.700
SUBTOTAL	35.785.300	1.524.938	84.803	7.110.394	112.500
TOTAL: 44.576.685					

El Primer Triunvirato argentino (septiembre de 1811 a octubre de 1812) abrió el Rio de la Plata a la emigración en 1812. En el Decreto de 4 de septiembre del año indicado admitía que la población «*es el principio de la industria y el fundamento de la felicidad de los Estados...*»

Una parte de la emigración liberal de 1823 se dirigió hacia Argentina. Durante la primera época de la independencia y la guerra civil en el nuevo país, destacaron las actividades de algunas personalidades españolas. Por ejemplo, en 1818 aparece la publicación *El Español Patriota*. —En 1821, un grupo de españoles fundó en Buenos Aires las logias masónicas

«Aurora» y «Libertad». —La Escuela de Música y Canto fue fundada en 1822 por un sacerdote vasco, don José Antonio Picasarri. —En ese mismo año comienza a impartir enseñanza en la Universidad Juan Manuel Fernández de Agüero, representante del liberalismo filosófico. —La primera transcripción taquigráfica de una sesión parlamentaria argentina fue llevada a cabo por Ramón Escobar y José María Nadal Murillo, en 1824. —En 1825, Mariano Pablo Rosquellas, violinista, cantante y compositor madrileño, inauguró la primera temporada lírica de Buenos Aires con *El Barbero de Sevilla*, al tiempo que Fernando VII —siempre reticente a reconocer los hechos consumados— nombraba virrey del Rio de la Plata a Pedro Antonio de Olaeta, ignorando que éste ya había fallecido. —Pablo Baladía llegó a Buenos Aires en 1825 contratado por el Gobierno; organizó la Academia de Preceptores y fue nombrado director general de Escuelas en 1826. —El tirano Juan Manuel de Rosas (entonces gobernador de Buenos Aires) recibió, en 1830, la dedicatoria de un *Gran Minueto y Vals* compuesto por el guipuzcoano José Tomás Arizaga. —Un comerciante castellano, establecido en la calle Potosí de Buenos Aires, lanzó con éxito la moda de unos enormes peinetones que las elegantes se precipitaron en adoptar… Y así podría prolongarse esta relación hasta la fecha actual. Tan solo nos queda por reseñar la llegada del vapor *Gloria*, en 1833, con los primeros cuatrocientos emigrantes procedentes de las islas Canarias, aunque el destino preferido por los canarios fue siempre Venezuela; de los 11.851 emigrantes llegados a Venezuela entre 1832 y 1845, casi el 95 por ciento eran canarios.

Tras el derrocamiento de Juan Manuel de Rosas en 1852, se promulgó la Constitución Nacional de 1853, cuyas bases fueron elaboradas por el jurista y economista Juan Bautista Alberdi en el año anterior. Su artículo 25 dice: «*El Gobierno federal fomentará la inmigración europea…*», recogiendo así uno de los apotegmas de las bases de Alberdi: «*En América, gobernar es poblar*». En su obra *La población de América Latina* (Ed. Alianza Universidad), Nicolás Sánchez Albornoz dice que esa «*fórmula concisa y pegadiza haría fortuna y elevaría a su autor a la estatura de visionario. Desde el rincón de América Latina más sensibilizado para las cuestiones poblacionales surgía una voz expresando aquella necesidad de brazos e inteligencias (…) El pensador argentino tuvo la satisfacción de ver que sus ideas impregnaban la Carta Magna de su país…*»

Veinte años más tarde, el autor de *Bases y puntos de partida para la organización política de la República Argentina* aclaró el sentido de su afortunada frase: *Como se pone bajo mi nombre a cada paso la máxima de mi libro «Bases» de que «en América gobernar es poblar», estoy obligado a explicarla para no tener que responder de acepciones y aplicaciones que, lejos de emanar de esa máxima, se oponen al sentido que ella encierra y la comprometen o, lo que es peor, comprometen la población de Sudamérica: Gobernar es poblar en el sentido que poblar es educar, mejorar, civilizar, enriquecer y engrandecer espontánea y rápidamente, como ha sucedido en los Estados Unidos. Poblar es enriquecer cuando se puebla con gente inteligente en la industria y habituada al trabajo que produce y enriquece. Poblar es civilizar, cuando se puebla con gente civilizada, es decir, con pobladores de la Europa civilizada. Por eso he dicho en la Constitución que el Gobierno debe fomentar la inmigración europea. <u>Poblar es apestar, corromper, degenerar, envenenar el país, cuando en vez de poblarlo con la flor de la población trabajadora de Europa se le puebla con basura de la Europa atrasada o menos culta</u>. Porque hay Europa y Europa, es conveniente no olvidarlo, y se puede estar dentro del texto liberal de la Constitución, que ordena fomentar la inmigración europea sin dejar por eso de arruinar un país de Sudamérica con solo poblarlo de inmigrantes europeos.* (Citado por Vicente Borregón Ribes en *La emigración española a América*, Vigo, 1952).

No se puede evitar la desagradable sospecha de que la población de los países mediterráneos (España, Italia, Grecia, Turquía, Portugal) está, para Alberdi, incluida dentro de la Europa atrasada y contrapuesta a la Europa «civilizada». Todos los estudios sociológicos confirman la sospecha, pero el intento de atraer al nuevo país inmigrantes centroeuropeos, anglosajones, germánicos y nórdicos fracasó estrepitosamente. La República Argentina tuvo que conformarse con la «basura», tal como relata Juan A. Alsina en *La inmigración europea en la Republica Argentina* (Buenos Aires, 1898).

En 1825, un alemán de Maguncia, Carlos Heine, contrató el traslado de mil labradores y artesanos centroeuropeos, mediante el pago de la tarifa siguiente:

— Varón de doce a cincuenta años: 150 pesos fuertes.

— Varón de menos de doce o más de cincuenta: 75 pesos fuertes.

— Mujer de doce a cincuenta años: 140 pesos fuertes.

— Mujer menor de doce o mayor de cincuenta: 75 pesos fuertes.

En 1826 arribaron los emigrantes en el velero *Kumbang Jattie* y en mayo del año siguiente se les entregaron los terrenos a cultivar. El experimento fracasó y hacia 1830 todos los colonos alemanes se habían dispersado.

Algunos cientos de pastores irlandeses se emplearon en la cría intensiva de ganado lanar. En 1856 llegaron a la provincia de Santa Fe contingentes de franceses, alemanes y suizos. Una colonia de galeses se instaló en la Patagonia.

En 1854 figuran registrados 25.000 franceses, 19.000 británicos, 15.000 italianos, 15.000 alemanes, 4.000 norteamericanos y unos 20.000 españoles.

De 1857 a 1869, el saldo migratorio se elevó a 81.000 personas, comenzando entonces el predominio de los italianos (hasta 1910 constituyeron el 60 por ciento). Sánchez Albornoz (op.cit.) dice que *De buena gana todavía la Argentina del ochenta* (1880) *hubiera visto correr las pampas a sajones o germanos rubicundos, y si de religión protestante, tanto más a su favor. Pero los herederos de los Alberdi y Sarmiento hubieron de resignarse a los claros piamonteses y vascos de confesión romana o, lo que era peor para ellos, a los cetrinos sicilianos o murcianos. Luego llegarían los «turcos» del Oriente Medio y los «rusos» de la Polonia meridional o de las comunidades judías de Ucrania. A posteriori, y un tanto a regañadientes, se descubrió, para apreciarla, la afinidad étnico-cultural que existía entre los emigrantes y la sociedad receptora, y se habló sin mesura de la latinidad. Pero la verdad sobre el origen de estos contingentes es más prosaica.*

Hacia 1870, el capital británico potenció la capacidad productiva de la Pampa. La expansión de la red ferroviaria argentina y el desarrollo del tráfico marítimo hicieron posible la multiplicación de las exportaciones hacia una Europa que, a partir de 1880, sufría una presión demográfica generalizada. Los países mediterráneos poco industrializados, como España e Italia, volcarán sobre América el excedente de población, y en especial sobre la Argentina, cuya población pasa de 1,8 millones en 1872 a 3,9 en 1895; 7,8 en 1914; 12,2 en 1973; 27,7 en 1980 y 45,7 en 2021. De los 3.954.911 habitantes de 1895, eran italianos unos 500.000 y españoles 198.685. En 1914, el número de españoles (829.701) se aproximaba al de italianos (929.863). Las relaciones entre el Gobierno italiano y el argentino se tensaron a causa de las malas condiciones del transporte de los emigrantes, de tal modo que Italia prohibió la emigración a la Argentina en 1911 y 1912. Poco después, el estallido de la I Guerra Mundial dificultó la salida de italianos y facilitó —comparativamente— la de españoles, que fue masiva y sostenida hasta que se ralentizó con la Guerra Civil española y la II Guerra Mundial. En la década de 1950 se reanuda la corriente migratoria, que alcanza la cima en la década de 1950 y comienza a descender a partir de 1960 porque se inicia la salida organizada hacia países europeos.

En 2015, el INE contabilizó a un total de 426.006 residentes españoles en la República Argentina. De ellos, 325.718 son nacidos en Argentina (beneficiarios de doble nacionalidad); 92.610 nacidos en España y 4.678 nacidos en otros países. Por número de residentes, España ocupa en Argentina el séptimo lugar, por detrás de Paraguay, Bolivia, Chile, Perú, Italia y Uruguay.

El computo de los argentinos que emigran a España no es tarea fácil porque, aun cuando sean sociológicamente argentinos, muchos han entrado con pasaporte español o italiano. A partir de 1974, miles de argentinos abandonaron el país huyendo de la violencia desatada por la dictadura y muchos de ellos se encaminaron hacia España. No existen cifras oficiales, pero algunos estudiosos calculan el número de inmigrantes argentinos entre 40.000 y 60.000. Otro contingente significativo de población argentina se desplazó a España en la segunda mitad de la década de 1980 con motivo de la hiperinflación, pero la gran oleada migratoria se produjo a partir de 2000, con la crisis del «corralito». Según la argentina Dirección Nacional de Población, en 2002 residían en España 70.140 argentinos. En 2021, según datos del INE, la población argentina en España es de 88.997 personas. Es preciso tener en cuenta que muchos de los argentinos llegados a España han adquirido la nacionalidad española.

EMIGRACIÓN A BRASIL

En Brasil y Uruguay el proceso de crecimiento económico fue similar al de Argentina. En Brasil también se dio inicialmente preferencia a los emigrantes germánicos, pero el Gobierno prusiano prohibió esta emigración en 1859 para evitar a sus nacionales el trato de esclavos que les aplicaban los cafeteros de Sao Paulo. En este sentido, en España se tomaron medidas en 1865. La Real Orden del Ministerio de la Gobernación, de 12 de enero de dicho año, comienza así: «*Enterada la Reina…del maltrato que reciben en Brasil los colonos españoles y del estado deplorable a que suelen reducirlos las deudas y obligaciones que contraen solemnemente antes de embarcarse en España…*». Ya en el siglo XX, desde agosto de 1910 a enero de 1912, el Gobierno español prohibió la emigración a Brasil. Hacia 1925 no parecía que las cosas hubiesen mejorado pues se había recrudecido aún más la explotación de los *garimpeiros*, los recolectores del caucho en las profundidades de la Amazonia.

El BIGE nº 1, de 1925, se hace eco de la atención que la prensa italiana presta al maltrato de los emigrantes en Brasil y critica que no se sepa diferenciar entre la situación en las pequeñas explotaciones agrarias y en los dilatados latifundios del estado de Sao Paulo o en plena selva.

Entre 1885 y 1911 arribaron al puerto de Santos 1.300.000 inmigrantes, aproximadamente. Eran españoles 220.000. Fueron los años de mayor afluencia 1905, con 22.128, y 1906, con 20.349. Procedían de Andalucía principalmente, aunque una quinta parte había salido de Murcia, Galicia, Extremadura y Castilla la Vieja. El BIGE núm.5, tomo 2, de 1928, describe minuciosamente su situación en el país: *La situación de los emigrados en el Brasil presenta varios aspectos, según las actividades a que se dediquen. En Rio de Janeiro nuestros compatriotas son, con preferencia, mozos de café o restaurante. Muchos han llegado a ser propietarios, algunos, muy pocos, de establecimientos de importancia, y la mayoría de cafetines y pequeños restaurantes.*

Un camarero en Río suele ganar 15.000 reis, que, al cambio de 0,70 pesetas, es equivalente, a 10,50. La vida, como en todas las grandes ciudades, es cara. El trabajo como mozo de café dura doce horas.

Hay también en Rio españoles dedicados a otras faenas, pero son los menos y entre éstos predominan los cargadores y los simples jornaleros.

Los trabajadores en ferrocarriles, carreteras, etcétera, no ganan más de 7.000 reis (4,90 pesetas) y por fuerza su vida es mala, por cuanto en las grandes extensiones desiertas que atraviesan las vías de comunicación en Brasil, no hay fáciles medios de subsistencia ni albergues adecuados. Así, las casas en que viven los obreros son miserables chozas con carácter provisional. Las afueras de la ciudad, tanto en Santos como en Rio, Bahía y Recife, son pantanosas y el paludismo hace bastantes víctimas.

Repetimos que la profesión a que preferentemente se dedican los españoles es la de camarero de café, entre los que no se nota malestar.

En Santos, nuestros paisanos suelen dedicarse a las mismas faenas que los establecidos en Rio, encontrándose entre ellos algunos comerciantes.

En Bahía, por lo general, son pequeños comerciantes, casi todos ellos del gremio de ultramarinos y hoteleros y mozos de fonda o de café.

En Recife apenas hay colonia española, siendo también la mayoría de los que la integran camareros, pequeños comerciantes y algún «chauffeur».

Casi todos los emigrados a estos lugares son gallegos, que tenían allí parientes o amigos. Apenas van a buscar trabajo al campo, por los miserables jornales que en él se pagan y la competencia de las razas inferiores (sic).

En Bahía encuentran nuestros emigrados una buena asociación que les atiende en trance de enfermedad, dándose el caso de que casi toda la colonia pertenece a ella puesto que tienen los patrones buen cuidado de asociar a ella al recién llegado. La emigración a esta parte de Brasil es casi toda de llamada.

En Sao Paulo se advierte más miseria entre nuestros connacionales, a pesar de que en estos últimos tiempos se ha mejorado mucho.

Y eso que Sao Paulo es el Estado del Brasil que mejor paga al obrero agrícola. En los Estados de Parahyba y Sergipe los jornales del obrero agrícola son de 1.500 reis, sin comida (1,50 pesetas). En Amazonas, Pará, Ceará, Rio Grande de Norte, Algôas, Bahía, Rio de Janeiro, Santa Catharina y Goyaz los jornales del obrero del campo son, en muchos casos, de 2.000 a 2.500 reis (1,75 pesetas) sin comida. En Sao Paulo los jornales rurales oscilan entre 3.000 y 8.000 reis (2,10 y 5,60), siendo el más frecuente 6.000 reis (4,20).

El núcleo más grande de los emigrados españoles se encuentra en Sao Paulo (capital); se dedican a todas las profesiones, y principalmente a la de camareros; hay también comerciantes y «fazendeiros», pero el mayor número de emigrados se halla en el interior de este Estado, diseminados en pequeños grupos, casi siempre en las márgenes del «sertão» (selva), por lo que son preferidos a los trabajadores de otros países, menos arriesgados y animosos. El obrero español, que es tenido allí como revolucionario, es, sin embargo, querido, porque llega a trabajar hasta el límite de la selva, donde pocos hombres se atreven a ir por temor a las enfermedades, contra las cuales carecen de medios para combatirlas.

De los 219.142 habitantes españoles que, según el último censo, residen en Brasil, 171.289 estaban en Sao Paulo, y en su capital vivían 24.702.

Es, por tanto, en las «fazendas» de Sao Paulo donde hay que ir a buscar al emigrado español.

Por las condiciones del contrato del colonato, más corriente en dichas «fazendas», se distinguen varias clases de trabajadores: los «emprenteiros», que son aquellos que, mediante una cantidad alzada, se comprometen a cuidar, hasta su formación, una determinada cantidad de pies de café, beneficiándose con el fruto durante los años que señale el contrato. Es una buena forma de trabajo, pero tiene el inconveniente de que es preciso para emprenderlo el disponer de algún capital para pagar a los «camaradas» que le ayuden a cuidar las plantaciones del cafeto.

Los «colonos», otra clase de trabajadores de las «fazendas», perciben hoy 35.000 reis al año por cultivar 1.000 pies de café, calculándose que un colono puede cultivar hasta 2.000 pies, con lo que viene a ganar 490 pesetas al año, cantidad que no lees permite vivir. Pero el colono tiene, además, otras concesiones fuera del salario. Desde luego, la cantidad que se le paga por el trabajo que realiza es muy pequeña, ya que por el disfrute de mala casa y por el percibo de dicha suma tiene que trabajar 48.000 metros cuadrados de terreno, que es lo que ocupan 2.000 pies de café. Claro está que los trabajos del campo son más fáciles que en España, no realizándose ninguna labor de fondo.

Como es natural, el perfil del emigrante español se fue modificando desde el siglo XIX y, sobre todo desde la década de 1960, a medida que España progresaba. Los estudios coinciden en cifrar en unos 800.000 el número de los españoles llegados a Brasil en este periodo. El 64,7 de los varones se casaron con mujeres brasileñas y el 47,2 de las españolas lo hicieron con brasileños. Por consiguiente, algunos estudiosos opinan que la impronta de la sangre española en la población del país concierne a más de 15 millones de personas con nacionalidad brasileña.

En 2021, residen en Brasil 133.680 españoles, que desarrollan labores mucho más cualificadas que las de sus antecesores, sintiéndose plenamente integrados en la sociedad de acogida. En España residen 98.655 brasileños.

EMIGRACIÓN A CUBA

Hasta la crisis de 1929, la historia económica de Cuba está presidida por la expansión del cultivo de caña de azúcar. Al igual que en Brasil, la mano de obra suministrada por los esclavos resultaba insustituible, por eso los poderes económicos consiguieron demorar al máximo la abolición. En la Península se decretó la «libertad de vientres» (libertad del hijo de la esclava) en 1868, año de la revolución que expulsó del trono a Isabel II y dio origen a la I República, que llevará a cabo la plena abolición de la esclavitud en España en 1870. Tres años más tarde se prescribe la abolición en Puerto Rico. Coincidiendo con el inicio de la emigración europea, en Cuba se prohibirá la esclavitud en 1886 y en Brasil en 1888.

La escasez de brazos fue en Cuba un problema constante, que explica —al menos en parte— la radicalidad de los opositores a la abolición de la esclavitud. En 1864, el Gobierno español, que no había logrado canalizar hacia las Antillas la ansiada corriente migratoria, recurrió formalmente a la *importación* de chinos para la colonia cubana y firmó un tratado con el Celeste Imperio. Hasta 1873, más de 130.000 culís fueron embarcados en Shanghái y Cantón para las Antillas en unas condiciones de transporte tan deficientes —por utilizar un eufemismo— que en la travesía fallecieron más de 17.000. El censo urbano de 1877 registra en Cuba 43.811 chinos (casi el 3 por ciento de la población total) trabajando en las plantaciones, en el tendido de líneas de ferrocarril y otras obras públicas, en condiciones similares a la esclavitud. Muchos de estos trabajadores escapaban hacia los centros urbanos. La mortalidad hizo estragos entre ellos pues, solamente en 1899, se registraron 14.863 defunciones para una población isleña total de 1.572.000.

Los españoles se concentraban predominantemente en las zonas urbanas, dedicándose a actividades mercantiles. La Asociación de Dependientes de Comercio inició su andadura desde 1880. Hacia 1914 contaba con más de 30.000 socios y su biblioteca contenía un número de libros superior a los 10.000. El Centro Asturiano se creó en 1886; a principios del siglo XX disfrutaba de unas instituciones e instalaciones sanitarias, recreativas y culturales que se consideraron modélicas. Por las mismas fechas nacieron también el Centro Gallego (1879), el Centro Balear y la Asociación Canaria.

En 1896 la insurrección cubana se había recrudecido. De la Península salieron para las Antillas 90.000 personas, contingentes militares en su mayoría. El proceso de retornó comenzó en 1897 y se prolongó hasta 1899, año en que el Gobierno de los Estados Unidos promulgó en Cuba muchas de las normas jurídicas de su propia legislación de inmigración y, en particular, la prohibición de entrar en Cuba a colonos y braceros contratados.

Bajo la administración del gobernador militar Leonard Wood, se creó en 1900 la «estación de inmigrantes» de La Habana, llamada «Triscornia», donde se daba al emigrante alojamiento y alimentación por unos pocos centavos. Hubo instituciones similares en toda América: la *Hospedaria «Ilhas das Flores»* en Rio de Janeiro; la *Hospedaria do Inmigrante* en Sao Paulo, o el *Hotel de Inmigrantes* en Buenos Aires. Las condiciones de este régimen concentracionario variaron según la época y la localización geográfica pero casi siempre cumplió una función de «casa de contratación».

La guerra hispano-cubana ocasionó graves repercusiones demográficas que obligaron a abrir los puertos y las puertas a la inmigración. Aparte de los 200.000 muertos, la natalidad cubana descendió al más bajo nivel entonces conocido: en 1899, los menores de cuatro años constituían solamente el 8,3 por ciento de la población. La política de «reconcentración» ordenada por el general español Valeriano Weyler para evitar que la población rural se uniera a la insurrección, originó una gran mortalidad por las epidemias que desencadenó el hacinamiento. Por otro lado, esta concentración en núcleos urbanos sentó las bases de una industrialización que creará numerosos puestos de trabajo en el sector terciario. Hacia 1919 Cuba tenía más centros urbanos que Portugal, contando con una población cuatro veces menor.

Los intereses azucareros norteamericanos presionaron para levantar la prohibición de entrada de braceros: «*...puesto que los brazos son escasísimos en el país, y deseando terminar esta zafra con gente suficiente... nos obliga a acudir a usted suplicándole vea con el señor presidente si se nos autoriza, aunque no sea más que una vez, para traer trabajadores de las islas Canarias, de las fincas de nuestros asociados señores Elders, Fyffes y Cía., establecidos en dicho país...Es cuestión de vida o muerte para nuestras industrias azucareras...*» (Carta del gerente de «Preston» a su agente en La Habana, 27 de mayo de 1905).

El primer Gobierno cubano —de Tomás Estrada Palma (1902-1906)— restauró la política de fomento de la inmigración mediante la primera Ley de Inmigración y Colonización, de 12 de junio de 1906, con el propósito de colonizar la zona Esta del país con personas de origen europeo. La Ley excluye de sus beneficios a los antillanos (de Haití y Jamaica, principalmente), que no podrán entrar masivamente hasta 1913.

Todas estas medidas facilitaron la afluencia de miles de españoles desde principios de siglo. Entre 1905 y 1914, el promedio anual de inmigrantes españoles asciende a 30.000, aproximadamente: en el periodo 1902-1904, 61.153; en el periodo 1905-1909, 148.147 y en 1910-1914, 142.921 (Fuente: Secretaría de Hacienda de Cuba).

En el BIGE de 1928, citado *supra*, se reproduce un informe del señor Hill, presidente en Cuba de la Asociación Nacional de Colonos, que pone de manifiesto las dificultades que se le presentan a un país cualquiera a la hora de conseguir los emigrantes que desearía para cubrir sus necesidades:

Sumada Cuba al grupo de naciones aliadas que en Europa combatían, siendo nuestro país tan pequeño y poco poblado y resultando, por ello, ridícula la suma de soldados y elementos de guerra que hubiera podido aportar a la lucha, se le pidió que, en cambio, prestara el inmenso servicio de producir mucho azúcar ya que ese alimento, considerado como excelente e insustituible, era indispensable para las tropas que allá en Europa peleaban por la libertad de los pueblos (...) Hubo que tender la mirada hacia Oriente y Camagüey ... así se logró que, en menos de dos años, pasar la producción de Cuba de menos de tres millones de toneladas de azúcar a más de cinco millones (...) Mientras duró la guerra europea, y algunos años después de terminada, en que los precios del azúcar fueron muy remuneradores, se trajeron en gran cantidad braceros de España y de las Antillas, pero cuando los precios del azúcar empezaron a declinar, llegando a la situación ruinosa que hoy tienen, cesó la inmigración de braceros españoles porque ellos no podían venir desde su patria a Cuba para ganar jornales inferiores a los que en su propia tierra podrían disfrutar y, entonces, no quedó más remedio que aumentar la inmigración antillana por ser la única que podría trabajar dentro de los límites que fijaban los precios a los que había que vender el azúcar.

Hasta 1924, la emigración española había seguido un proceso de incremento continuo, paralelo al de la producción azucarera. En el quinquenio 1915-1919 entraron en Cuba 147.092 emigrantes; en 1920-1924, 224.540; en 1925-29, 54.826 (Fuente: Secretaría de Hacienda de Cuba).

El trabajo de los españoles en la agricultura tuvo una importancia mucho menor que en el sector terciario. En el transcrito informe del presidente de la Asociación Nacional de Colonos se considera la conveniencia de emprender una colonización estable de la zona oriental con agricultores españoles: *La colonización que a nosotros nos conviene es la española, y especialmente la isleña o canaria porque es la que más fácilmente se adapta a nuestras costumbres; porque es de raza caucásica; porque sus usos, costumbres, idioma, religión y principios sociales son análogos a los nuestros y se puede, por ello, adaptar fácilmente a nuestro medio, mezclándose con nuestros nativos, constituyendo familias de sentimientos cubanos y verdaderos ciudadanos y patriotas, pues hijos de españoles fueron, en su mayoría, los héroes de nuestra independencia, e hijo de español era nuestro apóstol Martí, el primero y más grande de los cubanos. Además, teniendo las islas Canarias un clima templado, casi cálido, quizá les sea más fácil a sus hombres adaptarse al rudo trabajo de cortar caña, aceptando sus bajos jornales, ya que estos van a constituir no su única entrada sino un ingreso más en su normal organización.* La emigración antillana se considera indeseable pero necesaria, precisamente por la falta de idoneidad de los españoles en los trabajos de la zafra: *Exceptuando los jornaleros antillanos, solamente podríamos echar mano de los jornaleros españoles. Pero estos hombres blancos no tienen la resistencia física que se necesita para cortar caña, que es un trabajo de extraordinaria rudeza que exige organismos fuertes y acostumbrados a climas cálidos para que puedan resistirlo. Por ello la labor de los jornaleros españoles es deficiente y muy pequeña, y solamente cuando se pueden pagar jornales enormemente altos (de un peso las 100 arrobas para arriba), pueden ellos encontrar incentivo para dedicarse a esa ruda y extenuante labor.* (Citado por Julio Hernández García, *La emigración canaria contemporánea*, Ed. del Cabildo Insular de Gran Canaria. Aporta muchos datos interesantes sobre el siglo XIX).

El coste promedio de un *machetero* (cortador de caña) se estimaba en 130 arrobas diarias. Por tanto, el salario diario promedio ascendería a 1,5 pesos. El pasaje en tercera clase desde España a Cuba costaba 90 pesos.

Los emigrantes españoles eran solicitados igualmente por otras naciones hispanas. Colombia intentó, con éxito según parece, reclutar a los españoles de Cuba: *En nuestra edición de ayer dimos a conocer la propaganda que entre nosotros se ha iniciado para atraer a los emigrantes españoles hacia la República de Colombia. Hasta el momento, la campaña se ha reducido a unas hojas sueltas, repartidas con profusión en los barrios comerciales y en las zonas porteñas de nuestra ciudad (...) Pero lo que estimamos injusto en el terreno particular, e intolerable desde el punto de vista oficial, es que esa propaganda se haga entre nosotros precisamente en una época en que, por la intensificación de las obras públicas, la supresión de la inmigración haitiana y las dificultades de nuestras últimas zafras, necesitamos de todos los brazos (...) Y ya que del problema de la inmigración española se trata, bien estaría que nuestras auto-*

ridades iniciaran una intensa propaganda en España para tratar de remediar la intensa crisis de falta de brazos que se avecina con la próxima zafra. Porque, desterrada la inmigración haitiana, ¿en quienes sino en los españoles pueden pensar nuestras autoridades? Es posible que no hayan pensado en nadie. (Diario *El Mundo*, de La Habana. Citado por el BIGE núm.5 de 1928).

Otro periódico de La Habana, *El Diario Español*, dio la réplica a su colega: *De lo que no está el mundo bien enterado todavía es de que esa propaganda no es de ahora (…) podemos asegurarle que esa gestión se viene haciendo hace tiempo y, sin temor a equivocarnos, podemos asegurar que desde enero* (1928) *a la fecha se han llevado ya de Cuba más de mil emigrantes (…) No dudamos del afecto con que se ha querido hablar de los emigrantes españoles en esos párrafos reproducidos, pero la susceptibilidad patriótica nos ha hecho sentir un poco de recelo. Hemos leído, aunque no se haya escrito, que ya que no hay negros, que vengan españoles, y nos resulta un poco fuerte esa demanda así hecha (…) En España les tendría que sorprender extraordinariamente esa demanda de braceros de Cuba, porque hace un año justamente que España está repatriando a los españoles de Cuba por caridad, dándoles medio pasaje y ofreciendo pasajes gratuitos a los indigentes que ni para el medio pasaje tienen. Quizá en un año se hayan repatriado así 12.000 ó 14.000 españoles. Y aun andan por esas calles de Dios grupos de españoles en espera de repatriaciones gratuitas, pidiendo qué comer (…) Y ahora que se han ido 12.000 ó 14.000 de limosna, se pretende ir a buscarlos de nuevo para pagarles jornales que los negros de Haití dejan vacantes porque su Gobierno no quiere dejarlos venir. Ni tanto ni tan calvo.* (citado en el BIGE núm.5,1928).

La crisis de 1929 incidió profundamente en la economía cubana y, por consiguiente, en el panorama laboral: «*El cubano no tumba caña». Esta frase se ha repetido hasta el exceso. Y como si quisiera acentuarse esa afirmación, un aire plebeyo cantaba en la guitarra popular: «Yo no tumbo caña, que la tumbe el viento» (…) Pero ya comenzamos a rescatar el terreno perdido en lo que respecta al aumento de braceros nativos entre los cañaverales* (diario *El Mundo*, La Habana, 1930. Citado por el BIGE núm.1, tomo 2, 1930-31). En marzo del mismo año se había presentado en la Cámara de Representantes un proyecto de ley prohibiendo toda inmigración destinada a la zafra. Pero los sindicatos y otras instancias políticas reclamaron medidas contra todo género de inmigración. En 1931 había en Cuba 257.596 personas nacidas en España, en una población total de 3.962.344. Los extranjeros nacidos en Cuba eran 443.197.

A partir de septiembre de 1932 se impuso a los emigrantes la obligación de depositar 60 dólares antes de desembarcar en la isla. Pero la medida que reprimió la emigración de manera decisiva fue el Decreto de 19 de octubre de 1933 —del Gobierno revolucionario que asumió el poder tras el derrocamiento del presidente Machado— por el que se ordena la repatriación inmediata de todo extranjero que no pudiera demostrar que tenía una relación laboral permanente. El decreto produjo un doble efecto: por un lado, numerosos españoles retornaron a España o buscaron una oportunidad en los cercanos Estados Unidos, en la República Dominicana o en otros países; de otro lado, se nacionalizaron masivamente para evitar la expulsión. En el periodo 1931-1943, Cuba perdió 190.346 residentes nacidos en el exterior, sobre todo haitianos, jamaicanos y españoles; el número de los españoles nacidos en España que salió de Cuba se calcula en 100.045. En 1943 el número de nacidos en Cuba con nacionalidad extranjera había descendido a 2.482. Por tanto, la práctica totalidad de los españoles nacidos en Cuba adoptaron la nacionalidad cubana o salieron del territorio cubano. En la misma fecha, conservaban la nacionalidad española 151.527 personas, casi todas nacidas en España. En años sucesivos se produjeron nuevas nacionalizaciones y un saldo migratorio negativo —entre 1943 y 1958, calcula en 76.510 los emigrantes cubanos— que no tiene relación con el éxodo causado por la revolución castrista a partir de 1959. Entre 1959 y 1970 el saldo negativo fue de 491.270; entre 1970 y 1980, más de 250.000.

José Luis Luzón, en *Economía, población y territorio en Cuba* (1899-1983) (Ed. Cultura Hispánica) dice: *Más allá del simple impacto demográfico, la emigración tuvo consecuencias económicas y sociales importantes. La mayor parte de los emigrantes de los primeros años* (del castrismo) *eran profesionales liberales y empleados cualificados; no sólo abandonó la isla la alta burguesía de Miramar y Vedado; también lo hizo una parte considerable de la clase media. Casi todos ellos eran personas que habían alcanzado un estatus medio o alto con el anterior sistema. La emigración de* (la década de) *1980 fue más preocupante ya que afectó también a numerosos profesionales que se habían formado durante el periodo revolucionario.*

La mayoría de los españoles abandonaron Cuba en la primera oleada de la década de 1960 y comienzos de la de 1970. Según la *Memoria* de 1987 del Instituto Español de Emigración, la colonia española en

Cuba estaba compuesta por 100.602 residentes en 1970; 30.000 en 1975; 4.000 en 1980; 7.584 en 1986-87. Hasta 2007 nadie podía sospechar el vuelco que daría la situación. En efecto, el 26 de diciembre de dicho año el Congreso de los Diputados de España aprobó la Ley 52, conocida en España como «*Ley de la memoria histórica*» y en Cuba como «*Ley de los abuelos*», cuya disposición adicional séptima permite la adquisición de la nacionalidad española de origen, por derecho de opción, a las personas cuyo padre o madre hubieran tenido la nacionalidad española de origen y a los nietos de quienes perdieron o tuvieron que renunciar a la nacionalidad española como consecuencia del exilio provocado por la guerra civil o la dictadura del general Franco.

Se produjo inmediatamente una avalancha de solicitudes presentadas por cubanos, de manera que el número de españoles en la isla caribeña fue creciendo hasta la actualidad, sin que hacia allí saliera de nuestra península o de los archipiélagos españoles persona alguna. En 2021 se contabilizan 140.062 españoles en Cuba y aún quedan pendientes de resolución decenas de millares de solicitudes de nacionalidad.

Además, en julio de 2021 el Consejo de Ministros español aprobó un proyecto de Ley de Memoria Democrática que amplía el ámbito de las reparaciones previstas en la *Ley de los Abuelos* de 2007 y, como medida reparadora de los que sufrieron el exilio, incluye dos nuevos supuestos de adquisición de la nacionalidad española: en primer lugar, los hijos e hijas nacidos en el exterior de mujeres españolas que perdieron su nacionalidad por casarse con extranjeros antes del 29 de diciembre de 1978, fecha de la entrada en vigor de la Constitución; en segundo lugar, los hijos e hijas mayores de edad de aquellos españoles a quienes les fue reconocida la nacionalidad de origen en virtud del derecho de opción (como ya hemos indicado, los hijos e hijas menores de edad tienen el derecho reconocido en la Ley 52/2007). La noticia de este proyecto legislativo se propagó con celeridad y aunque la norma no ha sido aprobada y, por tanto, no tiene vigencia alguna, los órganos consulares españoles en Cuba se han visto saturados de peticiones y consultas porque el pasaporte español es un objeto de deseo que abre no solo las puertas de España sino de la Unión Europea y del resto del mundo.

Los tiempos han cambiado, y mucho, desde que se pretendía sustituir a los braceros haitianos por españoles en las enormes plantaciones de caña de azúcar de la que fue nuestra *Perla del Caribe*.

EL VIAJE

Hasta aquí hemos esbozado algunos problemas específicos que se plantearon a los españoles en el país de su emigración americana, pero el primer obstáculo a salvar, común a todos ellos, consistía en salir de España. Los puertos importantes estaban legalmente habilitados para dar salida a los emigrantes; sin embargo, una parte de éstos siguieron cauces ilegales. Una de las causas importantes fue el deseo de sustraerse a la acción de la justicia tras la comisión de algún delito, pero no menos importante fue, para los varones más jóvenes, la manera de evitar el servicio militar en el contexto de la guerra de Cuba o las cruentas guerras de Marruecos. Había, además, otras causas originadas por la ignorancia.

Según informa el BIGE núm.5 de 1928-29, de los tres puertos extranjeros de la Península, Lisboa, Leixoes y Gibraltar, el último fue *una verdadera pesadilla, si no por el número de emigrantes españoles que desde allí se dan a la mar, por la triste suerte que a éstos esperaba de ordinario. El ojo, siempre avizor, de la codicia atisbando los síntomas de la miseria o de crisis locales de trabajo en los pueblos más apartados de las serranías de la Andalucía oriental, para intensificar la propaganda, y la ignorancia de infelices campesinos semianalfabetos que en su limitada ideología de morisco abolengo aceptan por igual, como decreto del Destino, la expatriación y, como posible milagro, las promesas de bienestar y abundancia en la floresta brasileña. Se aunaban para alimentar la sangría de los engañados por el señuelo del pasaje gratis y jornales espléndidos, a los que daba proporciones fantásticas la denominación hiperbólica de las monedas en que serían satisfechos (…) La medida radical de dificultar el acceso a la plaza y puerto a que nos referimos, para impedir la clandestinidad de la emigración, era impracticable porque ni se podía condenar al Peñón a un bloqueo, ni los interiores de las poblaciones españolas comarcanas podrían sufrirlo. Así pues, las características de la emigración por Gibraltar fueron, durante el año 1927, a saber: procedencia, en gran parte, de Andalucía oriental; clase de braceros: sin especificación alguna profesional y con rudimentaria cultura, agrupados en familias enteras; causas: la propaganda mendaz espoleando los agobios de la pobreza; medios: la clandestinidad del abandono del territorio nacional y la gratuidad momentánea del pasaje en buques libres de toda fiscalización y, por ello, carentes de toda traba para el maltrato y el abuso; punto de destino: el Brasil, en los lugares de vida más dura y penosa y de trabajo menos remunerador.*

En no pocas ocasiones, el punto de destino de la emigración clandestina era la propia Península, donde se hacía desembarcar al emigrante engañado, que quedaba sujeto a un proceso sancionador. El BIGE lo advierte: *Vean los cándidos este botón de muestra: Dos infelices braceros de la provincia de León, Wenceslao Fernández García y Ramón Suárez Chamorro, querían emigrar a la Argentina. No se les ocurrió dirigirse a la más próxima agencia autorizada, donde les hubieran informado gratis y expedido billete. No pensaron acudir en demanda de noticias a la Inspección de Emigración en el puerto donde querían embarcar. Acudieron a un tal José Fernández, reclutador en la zona de Murias de Paredes, el cual les encaminó a Vigo y allí el dueño de una fonda, titulada «El Veinticinco de Septiembre», Pedro García, después de cobrar a cada uno 750 pesetas, o sea, mucho más del precio del pasaje, les embarcó clandestinamente en el vapor «Gelma». Allí, sin litera, sin abrigo, sufriendo las angustias del mareo, permanecieron hasta que, descubiertos que fueron, el capitán les desembarcó en Canarias, entregándolos a las autoridades.*

Claro es que el peso de la ley caerá sobre los inicuos explotadores, pero los infelices emigrantes han perdido su dinero y quedan sometidos a la acción de la justicia.

Mírense los incautos en este espejo y cuando algún gancho les pondere las dificultades para embarcar y les ofrezca solventarlas mediante dinero, den cuenta a la Guardia Civil y con ello se habrán librado de una estafa y librarán para el porvenir a otros inocentes.

Los procedimientos de la inicua emigración clandestina fueron reflejados a la perfección en un artículo de *El Diario Palentino*, de 1º de febrero de 1929, que parece un relato corto del género policiaco. Dice así:

En la Dirección General de Seguridad facilitaron hoy la siguiente información:

Atento el director general de Seguridad a las frecuentes fugas y evasiones que individuos reclamados por la justicia y los tribunales españoles realizan en diferentes puertos del litoral cantábrico, singularmente en Vigo, La Coruña y Gijón, encomendó al comisario jefe de la división de Ferrocarriles, don Ricardo Castro Peinó, que realizara las investigaciones necesarias para la práctica de este importantísimo servicio, cortando de raíz los embarcos clandestinos de prófugos, desertores y gente de este linaje, acostumbrados a fugarse con destino a los Estados Unidos de América del Norte y a América del Sur, sin pagar las cuentas atrasadas con la justicia y eludiendo las más de las veces la acción de los Tribunales que reclamaban de un modo estéril la comparecencia ante ellos de homicidas y asesinos.

Encargados del servicio el inspector de la brigada volante de ferrocarriles, don Juan Alfaro Berges, y los agentes don Julián Carlavilla, don Francisco Horacio Iglesias, don Daniel Murga, don José Cordero y don Francisco Mas, se pusieron a las órdenes del ilustrísimo señor juez de Instrucción de Villaviciosa, de Asturias, que instruía un sumario por falsedad de documentos de embarco, y tras una laboriosa y ardua labor, han logrado detener a un número considerable de agentes falsificadores dedicados a este lucrativo negocio, interviniendo documentos, sellos y otros varios efectos de los que empleaban para embarcar a toda clase de individuos con destino a los puertos de América.

Ha sido el ilustrísimo señor juez de Villaviciosa, don Fernando F. Campa, con los policías a sus órdenes, quienes han dado una batida escrupulosa en todos los puertos del norte a la banda de agentes falsificadores, muchos de ellos enriquecidos con la industria que tenían montada, y en la que expendían documentos falsos de todas las clases mediante cantidades fabulosas que, aparte de incrementar su fortuna, eran constante incentivo para jóvenes incautos, propensos a una emigración inconsciente, cuando no impulsada por motivos francamente punibles.

Las primeras investigaciones practicadas por los agentes marcaron la norma a seguir en tan importante asunto, descubriendo a varios agentes de compañías de navegación que se dedicaban a facilitar documentos falsos, pasaportes y cartillas para embarcar con rumbo a América a cualquier persona, aunque estuviera reclamada por los Tribunales de Justicia.

En el pueblo de Piedras Blancas, cercano a Avilés, había un individuo llamado Francisco Fernández y Fernández que se dedicaba a este negocio.

El inspector señor Alfaro designó a un agente para que realizara de cerca las pesquisas oportunas, logrando este individuo cartas y contraseñas para sus «compinches» de Vigo y La Coruña, aparte de una carta que traía el gabinete fotográfico de la Dirección General de Seguridad, servía de presentación para lograr un pasaporte en La Coruña, mediante pago de cantidades, que los agentes entregaron como anticipo del pasaporte y con objeto de lograr la perpetración del delito de falsedad.

Esta carta de Francisco, conocido en la región con el alias de «Pancho», entregada por la cantidad de 700 pesetas, previa una entrevista en el café de la Paz, de Oviedo, y dirigida a un tal Eduardo López, dueño del hotel Oriental, de La Coruña, sirvió para dar cima a los trabajos del juez de Villaviciosa y de los policías, que pronto cayeron en los puertos gallegos, deteniendo a un gran número de personas complicadas (sic) *y adquiriendo una serie de informaciones precisas respecto a la complicidad de estos delitos.*

Fue detenido el dueño de la fonda La Orensana, Constantino Vidal Sequeiros, en la calle de Martín Codas, número 7, por estar conceptuado como más hábil y el que con más asiduidad cometía esta clase de falsificaciones. A los fines del servicio la Policía hizo hospedaje en la fonda ya citada a un individuo que, habiéndose fingido perseguido por la justicia, solicitó pasaporte, a lo cual se comprometió el llamado Constantino por la cantidad de 1.000 pesetas.

Al acudir al Consulado, los agentes detuvieron a los falsificadores en el momento preciso en que entregaban la documentación.

Por las investigaciones realizadas por la Policía se tuvo la certeza de que en el barco que salía al día siguiente iban a embarcar otros emigrantes, también con documentación falsa. Entonces la Policía comenzó a verificar una revisión en las oficinas de la compañía de navegación a la que pertenecía el vapor «Gelma», dando por resultado la incautación de varios pasaportes falsos.

Simultáneamente se realizó un registro en la fonda La Orensana, deteniendo a seis individuos de nacionalidad portuguesa y otros dos españoles, cuya documentación era ficticia, levantando al efecto actas y siendo conducidos a la Comisaría de Vigilancia, y más tarde al Juzgado de Instrucción de Villaviciosa, con las correspondientes diligencias.

Los detenidos fueron: Constantino Vidal, José Torres, Manuel Ferrer, Manuel Márquez, Domingo Luis Rabelo, Manuel Pinto, Antero Ferreira, Ricardo Pérez González y Juan Fernández Rodríguez, apreciándose claramente la responsabilidad criminal del primero, y deduciéndose que las falsificaciones las efectuaba un portugués llamado Manuel Dasilva Godiño, domiciliado en Espino (Portugal), con tan rara habilidad y destreza que no se distinguían las documentaciones falsas de las verdaderas. Los portugueses pasaban la frontera en una barca, cruzando el Miño en complicidad con un individuo llamado Constante, el cual los entregaba a un tal Domingo González de Salvatierra, dueño de la línea de automóviles que les llevaba a Vigo y a donde, naturalmente, iban a parar a la fonda Orensana, donde entregaban grandes cantidades de dinero por su fuga. En manos de la policía cayeron también las cartillas y documentos falsos. Mientras tanto, los policías que habían quedado en Asturias preparaban la trampa en que habían de caer otros complicados en la falsificación, un agente desconocido en la región astur se fingió individuo alistado a los grupos de acción anarquista y autor de varios asesinatos cometidos en Barcelona, y aprovechando la labor que con tiempo habían hecho, solicitó para él y sus compañeros pasaporte falso, dirigiéndose a un individuo de Avilés conocido por el nombre de «Penoso», dueño de establecimientos de comestibles y procurador de los Tribunales. Este sujeto, dedicado toda su vida a esta clase de negocio, le pidió 3.500 pesetas «por hacer el asunto», ocultando a los fingidos emigrantes en una fonda de Avilés llamada Las Cuatro Naciones, donde los policías esperaron el momento de embarcar.

Tras de muchas dilaciones y protestas, el «Penoso» condujo al puerto de Musel a los policías disfrazados, entregándoles unos documentos, totalmente falsos, puesto que iban a nombre distinto del que habían dado, y llevándolos a toda prisa al barco «Lafayette», anclado en la bahía de Musel.

El agente que había estado oculto durante tres días para fingir mejor su personalidad de anarquista, hablando en un dialecto catalán, que el «Penoso» creyó auténtico, y dándole toda clase de detalles referentes a varios atentados, logró imprimir tal confianza en este sujeto que tuvo que hacer violento esfuerzo a bordo del «Lafayette» para convencerle de que su verdadera personalidad era la de policía, resistiéndose el «Penoso» a ser detenido y queriendo encerrar a los agentes en un camarote con objeto de que saliera el barco y emprender él su fuga. Momentos antes de subir a bordo, el fingido emigrante tuvo que entregar al «Penoso» un dije de oro que llevaba colgado de su cadena para saciar aún más la codicia de ese sujeto que, a pesar de las cantidades exigidas, se cobraba de sus víctimas con todos los objetos que podía arrebatarles.

Cuando la sirena del barco anunciaba su partida, los agentes vieron las señas que les hacían sus compañeros desde la cubierta del vapor, deteniendo en el acto al falsificador y entregándolo al juez de Villaviciosa, previo un registro en su casa, que dio por resultado hallar infinidad de documentos falsos: pasaportes, cartillas, cédulas, impresos de Ayuntamiento, certificaciones de juzgados, sellos de las comisiones mixtas de Reclutamiento referentes a individuos inútiles y un verdadero arsenal de cosas para embarcar clandestinos.

Antes de ello habían estudiado, convenientemente disfrazados los policías, las costumbres que utilizaba el «Penoso» para embarcar a sus gentes.

Posteriormente a la detención del «Penoso», llamado José Vieza López, la policía verificó varios registros en los domicilios de los agentes falsificadores y del conocido por el «Pacho», hombre enriquecido en Piedras Blancas con estos negocios, logrando encontrar infinidad de útiles, documentos, pases, cédulas y certificaciones falsas.

La brigada volante de Ferrocarriles continuó sus trabajos en Avilés y logró detener a Eladio Fernández Álvarez, vecino de Castrillón y a quien el agente de la plantilla de Gijón, don Digno Fuentes Galindo, que también colaboró eficazmente en los primeros trabajos, conocía ya por sospechas de dedicarse a esta clase de negocios.

En casa de Eladio encontró la Policía cientos de impresos, cartas, fotografías, certificaciones y toda clase de documentos referentes a embarcos clandestinos, revólveres y capsulas, sin que pudiera explicar su tenencia ni a los fines que los dedicaba.

Los autores de estos delitos, sus cómplices y encubridores fueron detenidos por la Policía y entregados al ilustrísimo señor juez de Villaviciosa, siendo todos ellos personas de gran posición económica que, no obstante sus medios de vida, se dedicaban con escandalosa audacia a cometer toda clase de delitos en índole de falsificación, burlando las leyes y facilitando siempre la fuga a individuos recamados por la justicia y autores de los más repugnantes delitos.

Puede asegurarse que por esta vez se ha impedido, con el servicio realizado por la Policía, la evasión de muchos individuos sujetos al servicio militar, desertores, prófugos y reclamados que burlaban, con la ayuda de estas gentes, las previsoras leyes de emigración.

Con este servicio policiaco de la brigada volante de la división de Ferrocarriles se impedirá en lo sucesivo que emigren, como lo han venido realizando, millares de jóvenes españoles, que llegaban indefensos a los puertos del extranjero sin que las autoridades pudieran hacer nada por sus vidas e intereses.

A pesar de los buenos deseos y carácter tutelar de la legislación, pocos emigrantes se libraron de todas las trampas tendidas por los indeseables parásitos portuarios. En el mejor de los casos, *en todos los puertos de embarque se cobran pensiones de altísima cuantía si se las compara con las condiciones de la comida servida y del alojamiento, que frecuentemente se facilita en dormitorios de varias camas sin condiciones morales ni, a veces, higiénicas. En muchas de estas fondas los abusos de toda índole, incluso los que afectan a la moralidad de las mujeres, se producen en gran escala y, hasta alguna forma de cometerlos se ha hecho célebre en los puertos, como ocurrió en el de Vigo con la habilidad de un fondista (a quien popularmente se le conocía por el apodo de «Camarrota») consistente en cobrar el valor de una cama vieja a multitud de emigrantes que en días sucesivos caían al suelo cuando se acostaban en ella, previa cuidadosa colocación de sus rotas patas hecha por el ladino fondista quien, entre airadas protestas, alegaba el perjuicio causado, amenazaba con la denuncia y pedía, y obtenía fácilmente del asustado emigrante, la correspondiente indemnización* (Vicente Borrejón Rives, *La emigración española a América*, Vigo, 1952).

Lo peor es que, pese a «la previsora Ley de emigración», se daban abusos todavía más graves. El inspector de Emigración, don Leopoldo D'Ozouville, los describe con detalle:

Perdería la Ley su carácter tutelar si no cuidase del emigrante durante su permanencia en el puerto de embarque. Precisamente en la mayoría de los puertos de mar, así nacionales como extranjeros, pulula una temible legión de ratas de estaciones y muelles que se dedican con gran maestría a la lucrativa industria de la explotación del pasajero. ¿Cómo olvidar al popular y aprovechado industrial del puerto de Cádiz quien, dedicado a la venta de lentes ahumados para quitar el mareo, a tres pesetas, llegó a colocar en un solo día varias gruesas entre los soldados españoles que se dirigían a la guerra separatista de la isla de Cuba? Y si tal aconteció a nuestros soldados, no obstante estar prevenidos por los jefes y oficiales que les acompañaban, ¿de qué no sería víctima el emigrante que por primera vez se aparta del terruño, si llegase a verse abandonado a su inexperiencia y no hubiese una mano protectora que guiase sus pasos desde el mismo instante en que desciende del tren?

Para apartar al emigrante de los peligros que le rodean de los puertos de embarque, creó la previsora Ley de Emigración, de 21 de diciembre de 1907, las Inspecciones de Puerto (...)

La mayoría de las actuales posadas de emigrantes se ven a todas horas invadidas por verdaderas plagas de buhoneros que, con la cooperación de los posaderos, consiguen que aquellos adquieran a muy alto precio todas sus inútiles mercancías.

El posadero, que es por lo común maestro en toda clase de astucias y habilidades, se apodera pronto del ánimo de los emigrantes: les induce a que hagan cuanto a él le conviene; pone en práctica una infinidad de artificios para apoderarse de sus recursos; sabe evitar que los estafados acudan a la autoridad y, si llega este caso extremo, sabe a la perfección eludir toda responsabilidad, la que por falta de pruebas directas de culpabilidad nunca es posible exigirle. Sería demasiado largo explicar cómo se ayudan recíprocamente, como buenos compadres, posaderos, vendedores ambulantes, cocheros, mozos de cuadra, boteros, guías, faquines, recaderos, agentes clandestinos, cambiantes de moneda, etcétera (...)

Increíble es realmente que un ente tan insignificante como el posadero de los puertos marítimos habilitados para el embarque de los emigrantes españoles pueda ejercer influencia alguna en el régimen de la emigración. Y, sin embargo, nada hay más cierto: difícilmente podrá encontrarse entre las muchas y variadas causas que tan intensamente entorpecen la buena marcha de los servicios tutelares de la emigración, ninguna de mayor eficacia que la exagerada e intolerable intervención que tuvo y aún tiene el posadero.

A la promulgación de la vigente Ley de Emigración fueron no pocas las compañías navieras que de buena fe creyeron que podrían sustraerse para siempre una colaboración que, cual la del posadero, tanto había de repugnarlas. Estimaban que la nueva ley ampararía sus derechos e intereses y, en su consecuencia, las verdaderamente celosas de su prestigio hubieron de limitarse a mejorar extraordinariamente la comida del emigrante y a proporcionar a éste un alojamiento que llenase a satisfacción cuantas exigencias señalaba el nuevo estado de cosas. Todo hacía esperar que las mejoras introducidas en la alimentación y alojamiento del emigrante habrían de ser suficientes para sostener con ventaja la competencia que hasta entonces les hicieron otras compañías que no se distinguían ciertamente por la especialidad del trato que al emigrante dispensaron; pero, lejos de ser así, pudo prontamente descubrirse que estas últimas, sin más que remunerar con ligereza la cooperación del posadero, conseguían que sus vapores transportaran mayor número de emigrantes que las primeras. Con resignación admirable esperaron aun algunas de las compañías perjudicadas a que la ley recobrara todo su imperio; pero cuando se persuadieron de que la ausencia de una reglamentación práctica hacía ineficaz a este respecto la ley promulgada, se vieron constreñidas a claudicar e ir sin demora en busca del posadero.

El posadero, por su parte, al verse requerido y solicitado con tanta insistencia, hubo de persuadirse, y con razón sobrada, de que su influencia decisiva y su omnímodo poder le permitían hacerse pagar a muy alto precio los favores que en lo sucesivo dispensara. Desde que el emigrante se alojaba en su casa, más que un huésped era un verdadero secuestrado; y al mismo tiempo que el posadero se apoderaba de su ánimo, le retenía ilegalmente su docu-

mentación emigratoria, con cuya sencilla precaución quedaba el emigrante incapacitado para embarcar en el buque de su elección, y se veía obligado a efectuarlo en alguno de los que al posadero abonaba más fuerte comisión.

Por demás variados y hasta pintorescos e ingeniosos eran los medios que empleaban los posaderos para apoderarse de los documentos personales del emigrante, pero todos se reducían, en su esencia, a los siguientes:

Las más de las veces conseguía el posadero con gran facilidad que pasasen a sus manos dichos documentos, siéndole suficiente hacer creer al emigrante que precisaba llenar una formalidad cualquiera, u ofreciéndole su concurso para realizar las operaciones de embarque en las que, por regla general, no está bien impuesto quien embarca por primera vez. Así que el posadero tenía en su poder la documentación, no vacilaba en manifestar que se le había extraviado o que la retenía una tercera persona, si el emigrante decidía embarcar en algún vapor que a él no le conviniera. En otras ocasiones, cuando se trataba de un emigrante experto y malicioso, no tardaba la práctica del posadero en comprender que todas sus maquinaciones habrían de estrellarse ante la firme resolución de aquel de no desprenderse de su documentación personal. Así es que, para no hacerse sospechoso, disimulaba lo mejor que podía sus propósitos y, aprovechándose de su sueño, procuraba que uno de los pseudo-emigrantes que trabajaban a sus órdenes le sustrajera hábilmente los documentos tan cuidadosamente guardados.

Cuando los hechos tenían lugar en las formas indicadas, por regla general el posadero se apresuraba a tranquilizar al emigrante, a quien aseguraba que no corría el menor peligro de quedarse en tierra, quedando reducido todo el perjuicio sufrido a embarcar por donde el posadero disponía, pero no era difícil encontrar ejemplares de esta respetable clase que llevaba su explotación hasta el punto de vender a buen precio la documentación que proporcionaban en reemplazo de la que fingía habérseles extraviado o, por mejor decir, sustraído.

Casi todos los posaderos tenían convertidas las posadas en verdaderos arsenales de documentos, con los que proveían a los emigrantes que carecían de todos o alguno de ellos. En las posadas se falsificaban también varios de los documentos de presentación forzosa pues disponían de sellos de juzgados municipales, ayuntamientos, feligresía, zonas militares, etcétera. En ellas se encontraba solución para todo, incluso para los problemas que no la tenían. En las posadas se jugaba y se juega al monte, a las siete y media y, muy especialmente, a cierta clase de juegos que a primera vista parecen ofrecer grandes *ventajas para el emigrante. En las posadas se explota al emigrante con toda clase de medios y son las posadas, por último, los lugares de reunión preferidos por los celestinos y celestinas dedicados a la trata de blancas (muchos de estos abusos se corrigieron bastante desde que se declaró obligatorio el uso de la cartera de identidad, pero, para muchos de ellos, aún subsisten).*

A bordo de los barcos, de varias nacionalidades, que transportaban a los emigrantes como animales, se escribió el capítulo siguiente de esta verdadera «historia de la infamia», historia afortunadamente terminada para los españoles, pero muy vigente, por desgracia, para otros muchos ciudadanos del mundo que están atravesando mares y continentes para huir de la miseria.

Aunque el reglamento de la Ley de 1909 había supuesto un gran avance, todavía en 1928 *las literas de tercera clase ordinaria, según este Reglamento, no llevan sábanas y sí únicamente una o dos mantas, según la temperatura y cuando el inspector lo ordena; es decir, que esos niños (e igual los adultos) han de dormir vestidos o poco menos, y en contacto con unas mantas que fácilmente resultan vehículos de transmisión de todo género de enfermedades. El precio actual de los pasajes es bastante elevado y lo menos que debería proporcionarse a cada emigrante es que su litera tuviera sábanas limpias. Otro punto que el Reglamento de Emigración omite, de extraordinario valor higiénico para todos, más sobre todo para los niños, es el de las toallas y servilletas (...) Otro problema que los niños plantean es el de su alimentación, pues si bien a los pequeñuelos (por lo menos en el barco en que yo he viajado) se les daba dos veces al día una papilla a base de leche (conservada en polvo y reconstituida con maizena, avena u otra harina por el estilo), en su inmensa mayoría mal nutridos y nada fuertes, sometidos al régimen alimenticio de los emigrantes, se les veía desmejorar de día en día...* (Doctora Elisa Serrano —médico de la Marina civil— : *La mujer y el niño en la emigración.* Citado por el BIGE de 1928, tomo 2).

La doctora Serrano estaba en lo cierto. En las estadísticas de morbilidad y mortalidad de la emigración española transoceánica ocupa un lugar destacado la conjuntivitis, y no es de extrañar a la vista del uso común de las toallas de los lavabos.

En lo que respecta a la alimentación en los barcos, las quejas fueron continuas. Así, por ejemplo, el 20 de octubre de 1930, Herminio Vieiros, Benito García, Ramón Fernández, Félix Rodríguez y Enrique

Sabino enviaron una carta desde Rio de Janeiro al director de la revista *«El Emigrante Español»*, de Madrid, en la que piden que se publique *para evitar que otros compatriotas sean explotados como nosotros en vapores de la Compañía Nelson Line (…) El comedor viene situado en donde da un calor espantoso y sin ventilador de ninguna especie, por lo que a la hora de comer, cuando estamos en él, ya se le quita a todo el mundo el apetito. Los jergones, de paja, rotos y sin sábanas ni funda de almohada, y como los camarotes no tienen ventilación, al mover los jergones y almohadas rotas se produce una humareda asfixiante. Es un pleno martirio viajar en este motor. Tenemos, además, que decirle que, por no poder comer la comida, que ya no es buena, salimos del comedor con la misma hambre que entramos. Por este motivo nuestro recurso es ir a la cantina. Una ración de queso, que vale en España una peseta cuando más, en el barco cuesta tres pesetas, y en ese orden todo…*

En la prensa de la década de 1930 abundan las denuncias por la espantosa alimentación que se suministra en los barcos a los viajeros de tercera clase. Como ejemplo, citaremos la carta destinada a los señores ministro de Estado e inspector general de Emigración que les dirigió Manuel Rodríguez Gavieiro («delegado general de la BTI» en Rio de Janeiro), a través de la publicación madrileña *El Emigrante Español*, de 5 y 20 de junio de 1933. Lleva por título **COMO SE ENVENENA A LOS EMIGRANTES** y relata el contacto que Gavieiro mantuvo con emigrantes españoles llegados a bordo del buque alemán *General Arugas*. Entre otras cosas, dice que *Por humanidad siquiera, es necesario que en los puertos españoles se vigile con todo rigor el embarque de los víveres para los emigrantes (…) Uno de ellos* (de los españoles) *me trajo un puñado de aceitunas de las que daban a bordo: las fuimos examinando cuidadosamente y ni una sola había sana, todas estaban podridas. Me trajeron varios trozos de pescado escandinavo completamente podrido, hasta tal punto que echaba un olor tan malo y tan fuerte que era insoportable. Hicimos la prueba de dárselo a comer a dos gatos, pero no logramos que los felinos se acercaran a tales tajadas (…) Otro emigrante me trajo tres porciones de una masa con algún color parecido al del huevo. Esto lo dan a comer a los emigrantes con el nombre de tortilla. Mucho sentí no ser químico para poder analizar aquella masa, que por su olor y su sabor nadie podrá asegurar que contenga el menor vestigio de huevo de gallina. ¿Y el vino? El vino es algo verdaderamente asombroso. Sabe a salobre, y alrededor del vaso y en su fondo quedan pegados unos polvos finísimos que no proceden de* *la uva sino del laboratorio químico donde se confecciona este singular veneno, que las autoridades de emigración, en España, toleran se embarque para el consumo de los emigrantes tutelados. ¡Sí, sí! ¡Buena está la tutela!*

En el mismo año de 1930 se anunciaba el viaje inaugural del *Cabo San Antonio*, motonave española de Ibarra y Cía., destinada a la línea Mediterráneo-Brasil-Plata. Dotada de dos motores diésel, realiza la travesía Cádiz-Rio en once días, casi la mitad del tiempo que venía siendo habitual. En la «clase de tercera» hay camarotes de dos, cuatro y seis plazas, todos ellos sobre la cubierta principal y con directa comunicación al exterior. Tienen camas metálicas niqueladas (a prueba de chinches), provistas de colchones y ropas irreprochables. Los lavabos y demás elementos de aseo son individuales. Algunos años atrás, en 1924, la compañía *Red Star Line* había inaugurado con el vapor *Gothland* un servicio modélico en el que el emigrante, por el precio que cualquier otra compañía cobraba por un pasaje de tercera clase, disfrutaba de completa libertad para moverse por todo el barco puesto que no había más que una clase, única para todos los viajeros. Era una excepción.

En general, las condiciones materiales de los buques fueron mejorando notablemente a medida que aumentaba la competencia empresarial, especialmente a partir de 1920, aunque continuaron las protestas por la alimentación. A la Administración española, sin embargo, parecía preocuparle más la alimentación espiritual, el aspecto moral de la travesía pues ... *el barco resulta una gran escuela de corrupción. Todos sabemos que la gente de mar, marineros, fogoneros, etcétera, son individuos de moral más que dudosa, siempre en mucho mayor número (¡) que los pasajeros (...) No es extraño pues que la moral y la virtud de muchas de ellas* (mujeres) *sufran notable quebranto durante la travesía, en la convivencia de un ambiente sobre cargado de peligros y de ocasiones. En vano trata la legislación de emigración de prevenir y evitar esto, pues la separación absoluta de sexos en un barco es algo teórico y prácticamente imposible, dado que en la mayoría de los casos son pasajeros de tercera los ganchos encargados de arrastrarlas al precipicio* (Doctora Serrano, Op.cit.)

Al parecer, según Paulina Luisi (*La trata de blancas*, Tribuna Libre, Buenos Aires, 21 de agosto de 1918; citado por la doctora Serrano) Buenos Aires era un importante centro internacional de trata de blancas procedentes de Génova, Barcelona y Marsella. *En mi viaje de retorno —* dice la doctora Serrano— *he tropezado con una mujer de edad indefinida (pasaba de los sesenta) la cual lleva hechos, según afirma, más de dieciséis viajes de ida y vuelta a España. ¿Se explica este ir y venir de algún modo satisfactorio en una mujer de humildísima apariencia, viajando en tercera clase, sin vínculos familiares en la Península?* Este es uno más de los testimonios que dan cuenta de la *residencia permanente* de tahúres, proxenetas y prostitutas en los barcos de emigrantes.

El legislador español de 1927, con paternalismo tradicional, procuró evitar el peligro de corrupción prohibiendo la emigración de mujeres solteras, menores de veinticinco años y que no viajasen acompañadas por sus padres, abuelos o tutores, a menos que justificasen la expatriación con documentación acreditativa de que *en el país al que se dirigen quedarán bajo la vigilancia y amparo de personas de su familia o de otras de reconocido arraigo que ofrezcan solvencia moral bastante para presumir que, junto a ellas, no habrán de caer en corrupción de costumbres* (Artículo 11 del Real Decreto de 9 de diciembre de 1927). Esta norma de poco va a servir pues, como observa la doctora Serrano, fácilmente puede burlarse apelando a la falsificación del certificado y *no habrán de detenerse en tan poco los que a esta recluta se dedican.*

La doctora Serrano también considera los peligros que representa la travesía para la moral de los tiernos infantes: ...*estas criaturas, mezcladas constantemente con adultos, a pesar de la vigilancia de los padres, oyendo un lenguaje nada edificante e, incluso, presenciando escenas de evidente inmoralidad. Lo que supone durante días y días la asistencia a una mala escuela para las almitas infantiles que despiertan a la vida, sobre todo aquellos que están en la edad en que se fijan en todo y todo lo preguntan, cuando su alma es blanda cera moldeable sin esfuerzo, y en un tiempo en que imágenes y palabras quedan grabadas indeleblemente (esto, por desgracia, pasa también con los pasajeros de primera y segunda clase).*

Es una lástima que no haya sido más explícita la autora de estas líneas —escritas en 1928— porque, con toda probabilidad, hace que la imaginación del lector vaya mucho más allá de la realidad. Y menos mal que separa la inmoralidad de la condición de emigrante al hacer extensiva aquella a los pasajeros de primera y segunda clase.

Para finalizar esta aproximación al fenómeno migratorio y apreciar mejor la abismal diferencia que separa la emigración actual de la sufriente emigración transoceánica tradicional, hemos seleccionado el texto que publicó el diario leonés *La Democracia*, el 25 de junio de 1925, y redactó el asturiano Indalecio Prieto, ex ministro de Hacienda, Obras Públicas, Marina, Aire y Defensa Nacional de la II República:

Se ven lastimados, heridos, monigotes. Si en las largas horas de navegación departís con ellos les oiréis palabras de odio. No os asustéis. El odio es una fuerza y lleva dentro gérmenes de amor. Lo terrible es la indiferencia. Esos que así hablan, los no resignados, los protestantes, los odiadores, son los mejores españoles. Observarles (sic), no los perdáis de vista allá en América. Pronto comprobareis que esos españoles expatriados son los únicos españoles sensibles, los que más sufren con los dolores de su patria, los que prestan mayor atención a los problemas de España. El odio pasajero se ha convertido en amor frenético.

La presente edición de «**Emigrantes y exiliados.** »
se terminó de editar en noviembre de 2021.

Este libro utiliza, entre otras, una
tipografía Adobe Garamond Pro
adaptada de la fundición
del ilustre tipógrafo
Claude Garamond.

Ad prosperitatem
per scripturam